明治・昭和・平成の大合併で
激変した日本地図

市町村名のつくり方

今尾恵介

日本加除出版株式会社

はしがき

これを書いている一一月の初めに「大阪都構想」の是非を問う住民投票が行われ、僅差で否決された。思えばひとつの国に「都」が二つになるのは奇妙な話ではあるが、人口減少が本格化し、どこか閉塞感が漂うこの国の大都市をどうにかしたい、という意識が多くの人を動かしたのは確かだろう。しかし二重行政の弊を指摘するなら、隣の京都府と京都市をはじめ全国どこでも該当する。そもそも都道府県と市町村の役割分担の議論は複雑になるのが当然で、「わかりやすく」報道するのが仕事のメディアにとってもお手上げ状態だったのではないだろうか。

かくして存続が決まった大阪市を含め、市制・町村制が施行された明治二二年（一八八九）から数えて、今年でまる一三一年が経った。施行当時に約一・六万あった市町村数は、その後の「昭和の大合併」や「平成の大合併」を経て、今や一七四一市区町村である。自治体数はそれだけ激減し、市町村名もそれ以上に姿を消していった。「それ以上に」というのは、明治の町村制以後に合併し、その後の合併で消えていったものが膨大な数にのぼるからである。

合併すれば新市町村の名称を決めなければならない。大きな市を中心に周囲の小町村が集まるなら市の名を存続させればいいのだが、どんぐりの背比べの市町村どうしが合併する場合、新自治体の名称をめぐっては明治の昔からしばしば紛糾した。一旦決まっても数年後に改称を余儀なくされたり、旧町村間でギクシャクした挙げ句に飛び出して元の村に戻ったケースも少なくない。たかが自治体名、されど自治体名である。

これは「平成の大合併」でも繰り返されたが、合併協議会に設けられる「新市名称検討小委員会」の委員は必ずしも地名や歴史、地理に通じた人ばかりではなく、はっきり言えば大半がその分野の素人だ。重要なことを決定するにもかかわらず、将来にわたって続く自治体名のあるべき姿について深い見識を持つ人がほとんど不在で、それより財政問題などを含む自治体間の腹の探り合いや政治的な闘争が持ち込まれれば、健全な自治体名が生まれようもない。

私の主張は単純で、「歴史的地名が将来にわたって引き継がれていくこと」が重要だと思っている。そのために実際にどうするかは個々に難しい問題もあるが、本書に掲げた多数の事例から、あるべき自治体の名称について少しでも考えていただく機会となれば幸いである。

日本加除出版の倉田芳江さんには『住民行政の窓』で連載期間中はもちろん、単行本化に際しても改めて細かいデータをひとつひとつチェックしていただきました。また全国の自治体に足を運んでおられる営業部の長沢敦司さん、加藤圭一さんには貴重な写真もいくつかご提供いただきました。ここに感謝申し上げます。私の不勉強に起因する勘違いや誤りなど、もしお気づきの点があればご指摘をいただければ幸いです。

令和二年（二〇二〇）一一月

今尾　恵介

目次

※本書は、日本加除出版発行の月刊誌『住民行政の窓』に「市町村名のしくみ」として平成二三年（二〇一一）九月号から同二六年（二〇一四）一二月号に連載したものに、大幅な加筆修正を加えたものです。
※本書に使用した地図は、国土地理院およびその前身機関によるもので、適宜拡大しています。掲載した写真は特記を除いて著者による撮影です。

合成と「めでたさ」で創作

一三の村が合併したから富里市

成田空港にほど近い千葉県富里市《とみさと》。明治二二年（一八八九）に全国に町村制が施行された時（北海道・沖縄県など一部を除く）に富里村として誕生して以来の地名なので、「富める里」という典型的な瑞祥地名だと長年思っていた。もちろんこの解釈は間違っていないが、由来は実はそれだけではない。町村制の時に一三村が合併したというのがもうひとつの由来である。十三里→とみさと→富里という操作で作られた。「村数地名」の変形タイプとでも呼ぶべきだろうか。その一三村とは、千葉県印旛郡の七栄《ななえ》、根木名《ねこな》、大和《おおわ》、久能《くのう》、日吉倉《ひよしくら》、中沢、新中沢、新橋《にっぱし》、十倉《とくら》、高松、立沢《たつざわ》、立沢新田、高野《こうや》の各村で、数か村の合併なら頭文字を繋いで合成地名も可能だろうが、これだけ多いと無理な話であり、村数という発想が出てくるのだろう。

さて、この一三村の中には七栄、十倉という数字つき地名があって気になるが、こちらは実は「ナンバリング地名」で、由来は町村制よりさらに遡る。明治維新後に多くの失業武士の職をどうするかは喫緊の課題だったが、古くから馬の産地として「牧《まき》」が広がっていた下総《しもうさ》の国の小金牧、佐倉牧の台地上の開墾に彼らを従事させようという話になった。「東京新田」とい

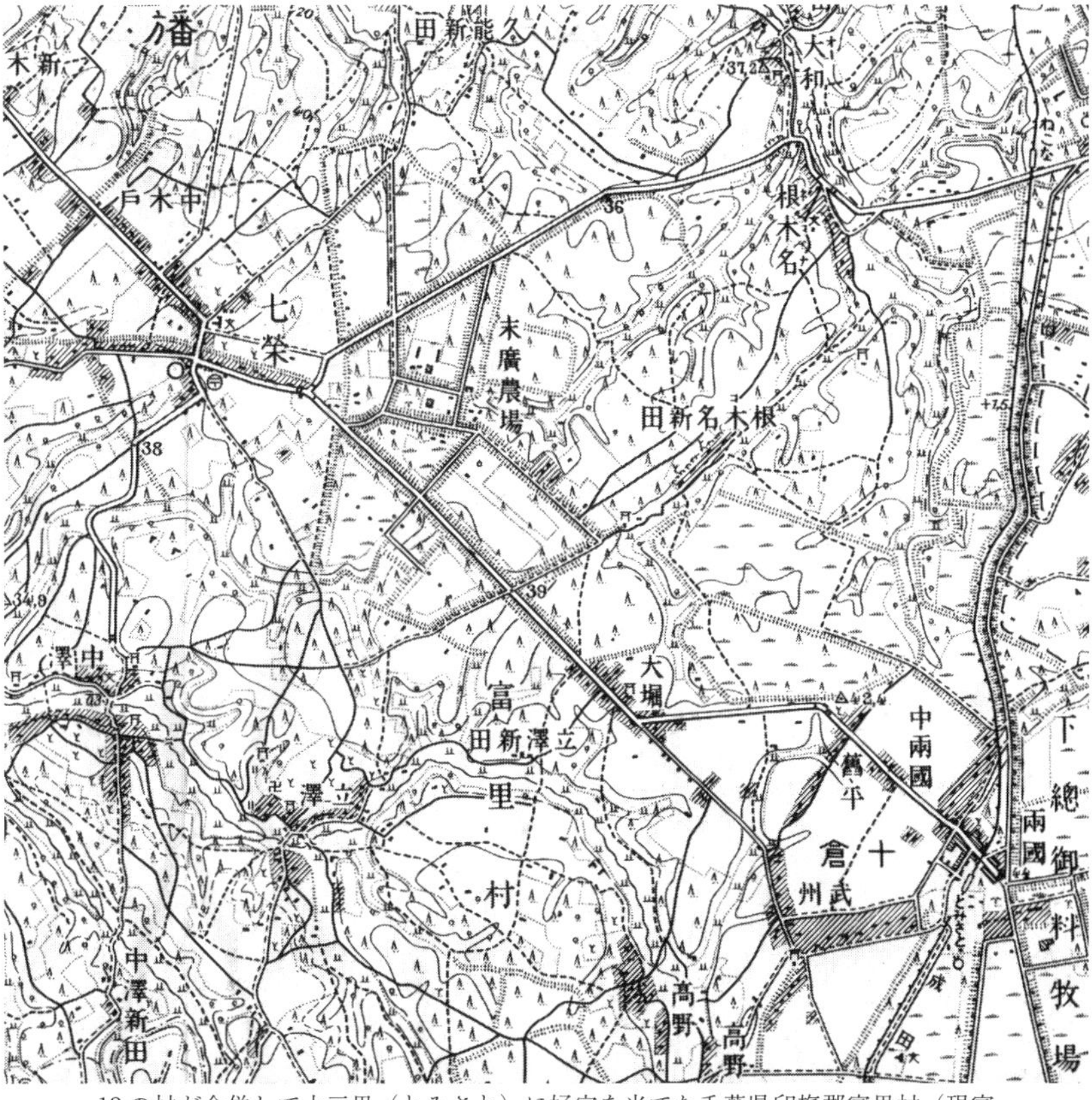

13の村が合併して十三里（とみさと）に好字を当てた千葉県印旛郡富里村（現富里市）。成田市の南に隣接している。右下には今はなき成田鉄道の富里駅も。
1:50,000「成田」昭和9年（1934）修正

う事業である。七栄は七番目、十倉は一〇番目に開墾が行われたことからその地名が付いた。いずれも事業が始まったのは明治三年（一八七〇）のことである。

なお、十倉の中にある武州という地名は武蔵国入間《いるま》郡から農民が移住したことによる。こちらは失業武士ではないが、「富里市大字十倉の武州地区」には、一三の村が合併したことに由来する市の中に含まれる、一〇番目に開墾が行われた土地であり、そこに武蔵国からの農民が移り住んだ、という物語が地名に織り込まれていることになる。ちなみに「東京新田」を全部挙げれば次の通り。

初富《はつとみ》（鎌ケ谷市）、二和《ふたわ》（船橋市）、三咲（船橋市）、豊四季（柏市）、五香《ごこう》（松戸市）、六実《むつみ》（松戸市）、七栄（富里市）、八街《やちまた》（八街市）、九美上《くみあげ》（香取市）、十倉《とくら》（富里市）、十余一《とよいち》（白井市）、十余二《とよふた》（柏市）、十余三《とよみ》（成田市・多古町）の一三か所であるが、所属する市の顔ぶれを見ただけで、これらの地名が相当な広範囲にわたる開墾だったことがわかる。すべての地名が区画の変更はあっても現役で、それぞれ所属市町が異なり、かつ点在しているため、一から一三まで通しの「ナンバリング地名」とは認識されにくいかもしれないが、このうち「出世頭」といえば八街だろうか。市名に抜擢されたのだから。

豊四季と十余二のある柏市も「数字地名」に縁があって、市域の一部はかつて土村《つちむら》と称した。こちらは一〇村と一村の飛地を合わせて一一村、漢数字で「十一」を縦に書けば土になる、ということである。よく考えたものだ。東京新田エリアのほぼまん中をくねくねと曲がりながら通過する新京成電鉄には、このうち初富、二和向台《むこうだい》、三咲、五香の四つ、東武野田線（アーバンパークライン）には豊四季、総武本線に八街駅があり、いずれも武士たちと同じように「宮仕え」するサラリーマンたちを電車へ送り込んでいる。

五香や豊四季からそれほど遠くない埼玉県三郷市《みさと》も「三村合併」による地名だ。こちらは「昭和の大合併」時期にあたる昭和三一年（一九五六）で、武蔵野線に三郷駅ができたのは比較的新しい昭和四八年（一九七三）。ＪＲ西日本の関西本線にも三郷駅《さんごう》（奈良県生駒郡三郷町・昭和五五年開業）がある。こちらは読みが異なるが、昭和四一年（一九六六）の町制施行までは「みさと」だった。こちらもやはり三村合併である。

ついでながら名古屋鉄道瀬戸線にも三郷駅《さんごう》がある。こちらは町村制の合併よりひと足先の明治一一年（一八七八）に井田、瀬戸川、狩宿《かりじゅく》の三村が合併したもので、同二二年にはさらに合併して八白村《やつしろ》となった際に三郷は大字となり、愛知県内で独自の大合併が行われた同三九年にさらに三村合併でいかにも瑞祥地名の「旭村」となり、昭和二三年（一九四八）に町制施行して旭町、同四五年（一九七〇）には市制施行するが、千葉県旭市との同名を回避する形で国名を冠し、尾張旭市として現在に至る。

三郷・三里と称する村は多かった。『角川日本地名大辞典』によれば三郷村《みさと》が一〇、三郷村《さんごう》が七を数える。これは明治以降に合併で誕生したもののみを数えたもので、おおむね「三村合併」に由来するが、中には四村やそれ以上の数もあり、三の「解釈」は必ずしも一致しない。

三つの郷にちなむものもある。郷とは律令制が始まった古代から江戸時代まで存続した郡の下の行政区画で、いくつかの村を包括するものだ。個別に調べてみると、それぞれの地域が合併に苦労した背景も伝わってくる。字の異なる「三里村」も明治期の合併に由来するもののみで一〇か所。いずれにせよ、それ以降の度重なる合併を経て次々と姿を消し、三郷・三里のうち現在まで自治体名として残っているのは前に挙げた埼玉県三郷市と奈良県三郷町の二市町だけとなっている。

最近まで全国各地に点在していた三和（さんわ・みわ）町・村も平成の大合併で消えた。他には最近まで残っていた七会村《ななかい》（茨城県・平成一八年まで）や六合村《くに》（群馬県・平成二二年まで）もすでになく、この種の自治体名はめっきり少なくなった。それでも青森県の六ヶ所村（明治二二年の六か村合併）は、核燃サイクル事業の今後こそ不透明ながら、村としては今も健在である。ここに取材で訪れた際、宿泊した旅館の宿帳で「現場名」を記入するようになっていたのは印象的で、そういえば朝食に集まった宿泊客は私以外すべてが作業着姿であった。

減り続ける「合併村数地名」だが、その一方で「平成の大合併」で三町村合併の際に好まれたのは、三を美に置き換えた美里や美郷。宮崎県の三村合併による美郷町や、三町村合併の会津美里町がそれだ。富里市と同じ発想の自治体名は現在も少数ながら再生産されているのである。

「計画避難区域」飯舘村の由来

なだらかな山々が穏やかに起伏する阿武隈高地。福島県相馬郡飯舘《いいたて》村は、それら四〇〇～六〇〇メートル台の山の合間に点在するいくつかの集落から成っている。そんな牧歌的な農村は、地元ではなく首都圏へ電力を供給するための原子力発電所が平成二三年（二〇一一）に起こした事故により、村の全域が避難を強いられた。同二九年（二〇一七）にようやく大半の地域で「帰還困難区域」が解除されたが、避難先での新しい生活が定着するほどの年月が経ち、戻らない住民も多いという。

飯舘村はいわゆる「昭和の大合併」の時期にあたる昭和三一年（一九五六）九月三〇日に飯《いい》曽《そ》村と大舘《おおだて》村が合併して誕生した。字を見てわかるように、両村から一字ずつとって合わせた「合成地名」である。合成地名といえば東京都大田区（大森区＋蒲田区）などが有名だが、実は全国各地に数多い。

「地方自治元年」とされる明治二二年（一八八九）四月一日、大半の地域で町村制が施行された。これにより江戸期以来の「藩政村」は、それぞれ近隣の町村と合併して新たに「行政村」

を作った。その結果、自治体数は前年の七万一三五一から一万五八二二と四・五分の一に激減している（日本加除出版『全訂全国市町村名変遷総覧』平成一八年より巻末二五頁「市区町村数の変遷」より）。

合併するにあたって新たに町村名を命名するのはなかなかの難事業で、特に同程度の規模の村どうしの合併では紛糾するところが続出した。内務省はこれを見越して「町村合併標準」（明治二一年内務大臣訓令第三五二号）で、特に規模の大小において甲乙つけ難い町村の合併について「殆《ほとん》ト優劣ナキ数多《あまた》ノ小町村ヲ合併スルトキハ各町村ノ旧名称ヲ参互折衷スル等努メテ民情ニ背馳《はいち》セサルコトヲ要ス」と、地名の合成を促進させるようなアドバイスを行っている。

この「解決法」が公認されたために合成地名はその後激増した。もともと当て字の多い日本の地名であるが、つい最近の平成の大合併に至ってもこの方法は便利に使われ、それによって地名の「字面」から由来を想像することは、いよいよ難しくなった。わかりやすい例を挙げれば、群馬県南東部の大泉町。全国でも外国人比率がトップクラスの自治体（令和二年九月末現在一八・九五パーセント）で有名だが、地名そのものは大きな泉を想像させる。ところが実は合成地名で、城下町である小泉町と、利根川を表現した大川村（明治町村制で六村合併）の合併だ。「小さな泉」＋「大きな川」＝「大きな泉」という妙な足し算が成立したのである。地名の断片を安易につなぎ合わせたので、漢字相互の脈絡は完全に失われながらも、あたかも昔からの地名のような顔をしているところが厄介だ。

千葉県習志野市の津田沼も合成地名である。こちらも明治町村制で谷津《やつ》、久々田《くぐた》、鷺沼《さぎぬま》、藤崎の四村と大久保新田が合併した際、主要な三村である谷津、久々田、鷺沼のそれぞれ末尾の字を並べて合成された。今やJR総武線の津田沼駅は一日約二〇万人（平成三〇年）の乗降客を誇る大ターミナルとなっているが、大泉町のように古くからありそうな地名の顔をしているため由来は忘れられがちである。

さて飯舘村に戻るが、実は合併前の大舘村と飯曽村はいずれも合成地名だ。まず大舘村は昭和一七年（一九四二）に大須村と新舘《にいだて》村が合併した際の合成地名で、その旧旧村たる大須村は明治二二年（一八八九）の町村制施行時に大倉村と佐須《さす》村が合併した。一方、飯曽村もやはり明治町村制での飯樋《いいとい》村と比曽《ひそ》村の合併による合成地名である。昭和一七年には飯曽村に石橋村が編入されているのだが、この石橋村も実は合成地名で、明治二二年に六村が合併する際に、有力な臼石《うすいし》、二枚橋から一字ずつとったという。一方、昭和一七年まで存在した新舘村は合成地名だが村の合成ではなく、新田《にいた》川と草野にある舘跡─舘《たて》の字を合成したものという。こちらは八村合併なので、さすがに「参互折衷」にも無理があったようだ。

わかりにくいので整理してみる。①～④は明治二二年の町村制施行時の村だ。飯樋村＋比曽村＝①飯曽村（大字二つ）／臼石村＋二枚橋村（＋四村）＝②石橋村（大字六つ）／大倉村＋佐須村＝③大須村（大字二つ）／新田川＋草野の「舘」（八村合併）＝④新舘村（大字八つ）。

これらが昭和一七年、②が①に編入して⑤飯曽村になった。明治二一年の「合併町村調及追加表」によれば、石橋村は「資力薄弱ニシテ法律ノ義務ヲ負担スル能ハサルヲ以テ飯曽村ト組合ヲ為サシム」とあるように、以前から組合村だった。同日には③と④も合併して⑥大舘村となった。

昭和三一年に⑤と⑥が合併したのが現在の飯舘村である。江戸時代の一八村が関係しているわけだが、これらはそのまま一八の大字として現在に至っている（その後二〇に増加）。このうち合成地名の「勝ち抜き戦」に最後まで残って村名の一部を構成する栄誉を担ったのは「飯樋」だ（舘は城館で地名ではないので除外）。この飯樋の住民も長い避難生活を強いられた。

飯舘村の成立

所属郡は行方郡→相馬郡（1896）

藩政村	1889	1942	1956
飯樋村	**飯曽**村	**飯**曽村	飯舘村
比**曽**村			
前田村	石橋村		
須萱村			
二枚**橋**村			
臼**石**村			
関根村			
松塚村			
大倉村	**大**須村	大**舘**村	
佐**須**村			
八木沢村	新**舘**村＊		
芦股村			
草野村			
関沢村			
沼平村			
小宮村			
伊丹沢村			
深谷村			

＊新舘は**新**田川＋草野の**舘**より

（筆者作成）

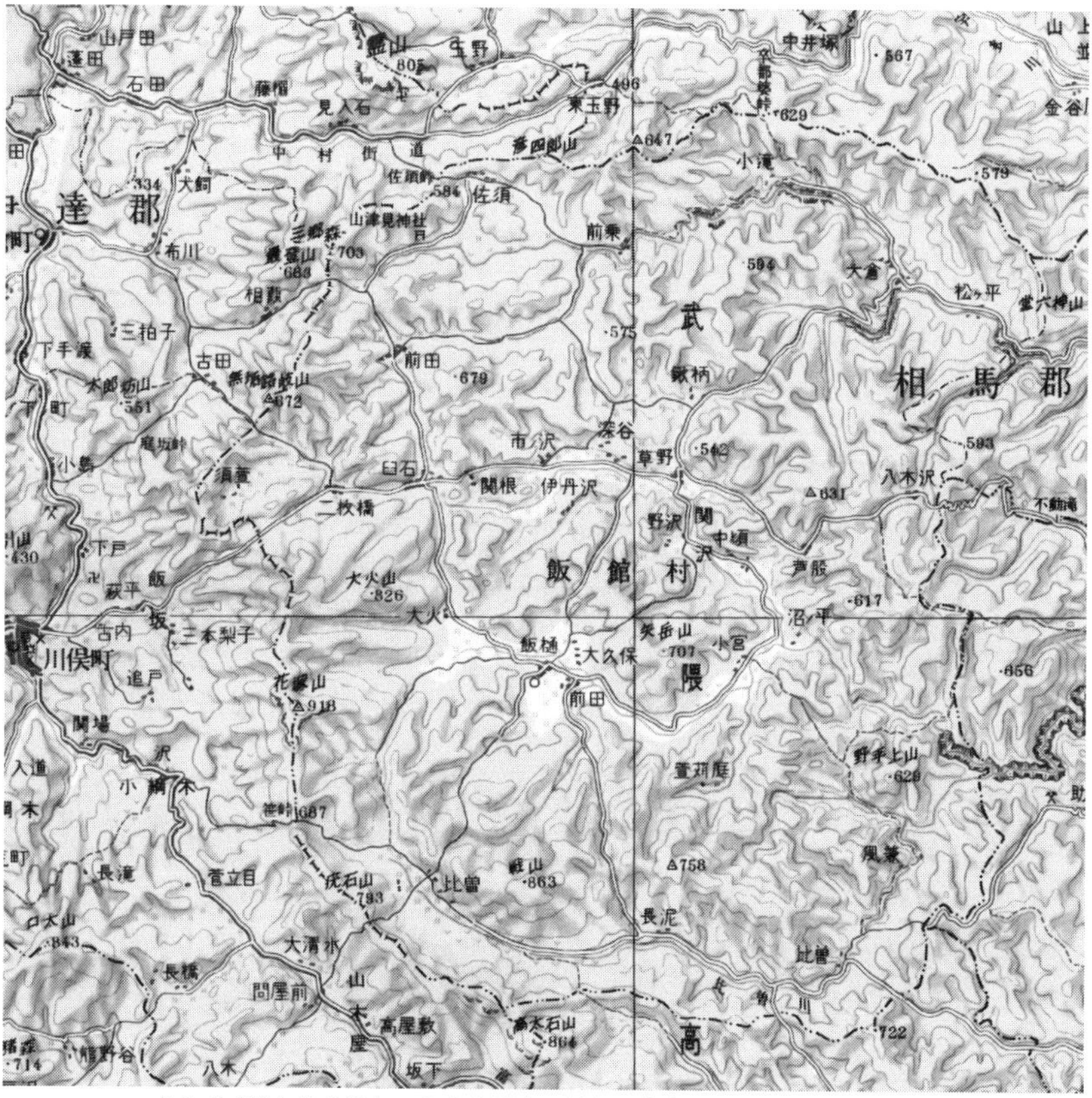

まるで「勝ち抜き戦」のような累次の村名の合成によってできあがった福島県相馬郡の飯舘村。1:200,000「福島」昭和33年（1958）編集

意外に多かった「栄」の自治体

東日本大震災の翌日にあたる平成二三年（二〇一一）三月一二日に長野県北部で大きな地震があった。最強の震度六強を記録したのが栄村で、このため「栄村大震災」とも呼ばれているそうだ。村は長野県の北東端にあり、村役場の間近を流れる千曲川は八〇〇メートルも下れば新潟県に入り、信濃川と名を変える。

栄村は「昭和の大合併」の時期にあたる昭和三一年（一九五六）に、千曲川左岸に位置する下水内《しもみのち》郡の水内村と、右岸の下高井郡堺村が合併して誕生した。面積は圧倒的に堺村の方が広かったが、合併した栄村は下水内郡に所属している。村役場は森地区（大字北信《ほくしん》―旧北信村）に設けられたが、その最寄り駅であるＪＲ飯山線の森宮野原駅は、昭和二〇年（一九四五）二月一二日に七・八五メートルの積雪を記録した「日本一の豪雪駅」として知られている。駅名はこの森地区と、隣接する新潟県の開業当時の村名である宮野原（現津南《つなん》町）とをつないだものだ。二県にまたがる連称駅は大阪府池田市と兵庫県川西市をつないだ川西池田駅（ＪＲ福知山線・所在地は川西市）もあるが、あまり例がない。

瑞祥地名の典型・栄村（長野県下水内郡・県境の西側）には日本一の豪雪の駅で知られる飯山線の森宮野原駅があり、「JR 日本最高積雪地点」の標柱が立てられている。1:50,000「苗場山」平成 19 年（2007）修正

広大な旧堺村エリアの南部には「日本秘境百選」に数えられる秋山郷があり、村内でもここの郵便番号だけ長野県側の三で始まる番号三八九（村役場所在地など）ではなく、新潟県津南町の番号である九四九で始まるのは、冬季には長らく雪に閉ざされて新潟県側からしか出入りできない交通事情を反映したものだ。

現在、栄を名乗る自治体はこの村の他に千葉県印旛郡栄町だけで、あとは横浜市の行政区の栄区だけだが、かつては全国各地にいくつも存在した。明治二二年（一八八九）に町村制が施行された際に誕生した栄村（さかえむら・さかえそん）は一四を数える。翌年五月にもうひとつ増えて一五になっているのは長野県更級《さらしな》郡の御幣川《おんべがわ》村が栄村と改称したからで、これは御幣川、会《あい》、横田の三か村が前年に合併して御幣川村になったものの、やはり特定の旧村名を新村名に採用したことに納得できない人が多かったからではないだろうか。現在の長野市篠ノ井付近である。

ここに限らず隣村同士の利害調整は難しく、だからこそ縁起の良い「栄」の地名が量産されたのだろう。しかしその大半が消えているのも、やはり「非地名系」の自治体に核となる中心街が存在しないケースが多く、広域合併すればどうしても消えやすい。ついでながら、「えいむら」と読む栄村が秋田県横手市南部に昭和二六年（一九五一）まで存在したことがある。明治二二年（一八八九）の町村制施行に伴う六村合併で誕生したが、『角川日本地名大辞典』によれば「住民の希望による」村名という。大正七年（一九一八）から一〇年までの短期間ながら、横荘《おうしょう》鉄道（後の羽後交通横荘線）には栄村駅があった。現在の秋田自動車道横手インターチェンジ付近である。

現在の横浜市栄区（昭和六一年設置）ができるずっと前に、名古屋市にも栄区がわずか一年間だけであるが存在した。昭和一七年（一九四二）に初めて名古屋市が空襲の被害を受けて以来、「防空防衛の観点から、警察行政と区行政との区域の合致を必要とするようになった」（『なごやの町名』名古屋市計画局）ため、昭和一九年（一九四四）の紀元節（二月一一日）に新設されたのが北区、栄区、瑞穂区である。このうち北と瑞穂の両区は現存するが、栄区はその後の中心市街への空襲と住民の疎開で人口が激減したため、昭和二〇年（一九四五）の一一月三日に中区に合区されて消滅した。二年に満たない、おそらく日本一短命の区であった。

栄といえば瑞祥地名の代表格であるが、三重県に明治二二年（一八八九）から昭和二九年まで存在した栄村は六村合併なので典型のように見えて、『河芸郡史』（三重県郷土資料叢書第五六集）によれば「酒井神社の音をとって栄とした」のだそうだ。もちろん村の繁栄を祈る意味を込めているのだろうが。同社は延喜式神名帳にもその名がある、いわゆる式内社である。伊勢鉄道中瀬古《なかせこ》駅が最寄り。

栄と他の文字を組み合わせた村もある。その一例が千葉県船橋市の八栄《やさかえ》村。東夏見《なつみ》、西夏見、高根など八か村が合併したことによる明治町村制時の命名で、昭和一二年（一九三七）に船橋町と合併して消滅した。熊本県北部にはやはり明治町村制で六栄《ろくえい》村ができた（現長洲町）。

明治九年（一八七六）に永方《ながかた》＋塩屋＝永塩村、赤崎＋折地《おりじ》＝折崎村、宮崎＋宮崎出目《でめ》＋向野《むかいの》＝宮野村という合成地名の三村が誕生、これが同二二年（一八八九）に合併したもので、旧村数の六地区（宮崎と宮崎出目は一村に数える）の繁栄を願ったものである（当初は「むさかえ」と称した）。

昭和三一年（一九五六）には隣の腹赤《はらか》村と合併して村名を合成、腹栄《ふくえい》村となった。しかしこの村は翌三二年に長洲《ながす》町と合併して消滅しているので、存在したのはわずか一年。ただ薄命の村名も腹栄中学校には健在である。同校は腹赤中学校と六栄中学校が両村合併前の昭和二六年（一九五一）に統合、腹栄中学校を名乗っているので、どうやら村名は学校名に合わせたようだ。なかなか永続しにくい「栄」の自治体であるが、旧村名の痕跡は学校名にしばしば残り、かつての「栄光」を今に伝えている。

全国に二四か所もあった明治村

「明治村」といえば、明治期の重要な建築を保存展示する愛知県犬山市の野外博物館として知られているが、自治体としての明治《めいじ》村もかつては多数存在した。北から順に挙げると次の通りである（カッコ内は明治村領域の現市町名）。

秋田県雄勝《おがち》郡（羽後町）、山形県東村山郡（山形市）、福島県伊達郡（福島市）、栃木県河内郡（上三川《かみのかわ》町）、群馬県西群馬郡（北群馬郡吉岡町）、千葉県市原郡（市原市）、神奈川県西多摩郡（東京都あきる野市）、神奈川県高座郡（藤沢市）、新潟県加茂郡（佐渡市）、新潟県中頸《くび》城《き》郡（上越市）、愛知県碧海《へきかい》郡（碧南《へきなん》市・安城《あんじょう》市・西尾市）、愛知県中島郡（稲沢市）、奈良県平群《へぐり》郡（平群町）、奈良県添上《そえかみ》郡（奈良市）、鳥取県高草《たかくさ》郡（鳥取市）、鳥取県八上《やかみ》郡（鳥取市）、島根県邇摩《にま》郡（大田市）、岡山県後月《しつき》郡（井原市）、高知県香美郡（香美市）、高知県吾川《あがわ》郡（越知《おち》町）、大分県大分郡（大分市）、大分県宇佐郡（宇佐市）、大分県南海部《あまべ》郡（佐伯市）、大分県直入《なおいり》郡（竹田市）。

このうち鳥取県と岡山県の計三村が「そん」で、他は全部「むら」。全部で二四村もあったが、その後の合併でことごとく消滅、今ではひとつも残っていない。このうち二一の村は町村制施行の明治二二年（一八八九）に誕生したもので、同じような規模の村どうしが合併したために特定の地名を採用できなかった事例が多いようだ。『角川日本地名大辞典』によれば、秋田県の明治村は「合併は県当局の指導に負い、村名は、明治の世を反映しようとする民意による」とある。他もざっと見たところ似たようなもので、要するに八方丸く収まる名称として元号が重宝されたのだろう。

明治二四年（一八九一）と少々遅れた栃木県の明治村は、町村制施行の際に旧多功《たこう》村を含む八村合併でできた多功村の名をわざわざ明治村に名称変更している。わずか二年九か月弱で改称している背景はわからないが、戦国時代から文献に登場する多功という特定の村名を最初は採用したのだが、他の七村が不満を募らせていたのかもしれない。

かと思えば、逆に明治村が町制施行する際に特定の旧村名に改称したケースもある。千葉県市原郡明治村は牛久《うしく》、奉免《ほうめん》、妙香など計一一村が合併したものだが、大正一三年（一九二四）に町制施行する際に牛久町と改称した。牛久が古くから宿場町や河岸として町場を形成していた「実力」が認められたのだろうか。

愛知県の二つの明治村は、同県が明治三九年（一九〇六）に独自に行った「二度目の大合併」の際に生まれた。同県では明治二二年（一八八九）の町村制施行の時点で合併が中途半端なものに終わったため、町村数が六六五と全国の府県で最多であった。しかもその過半数が戸

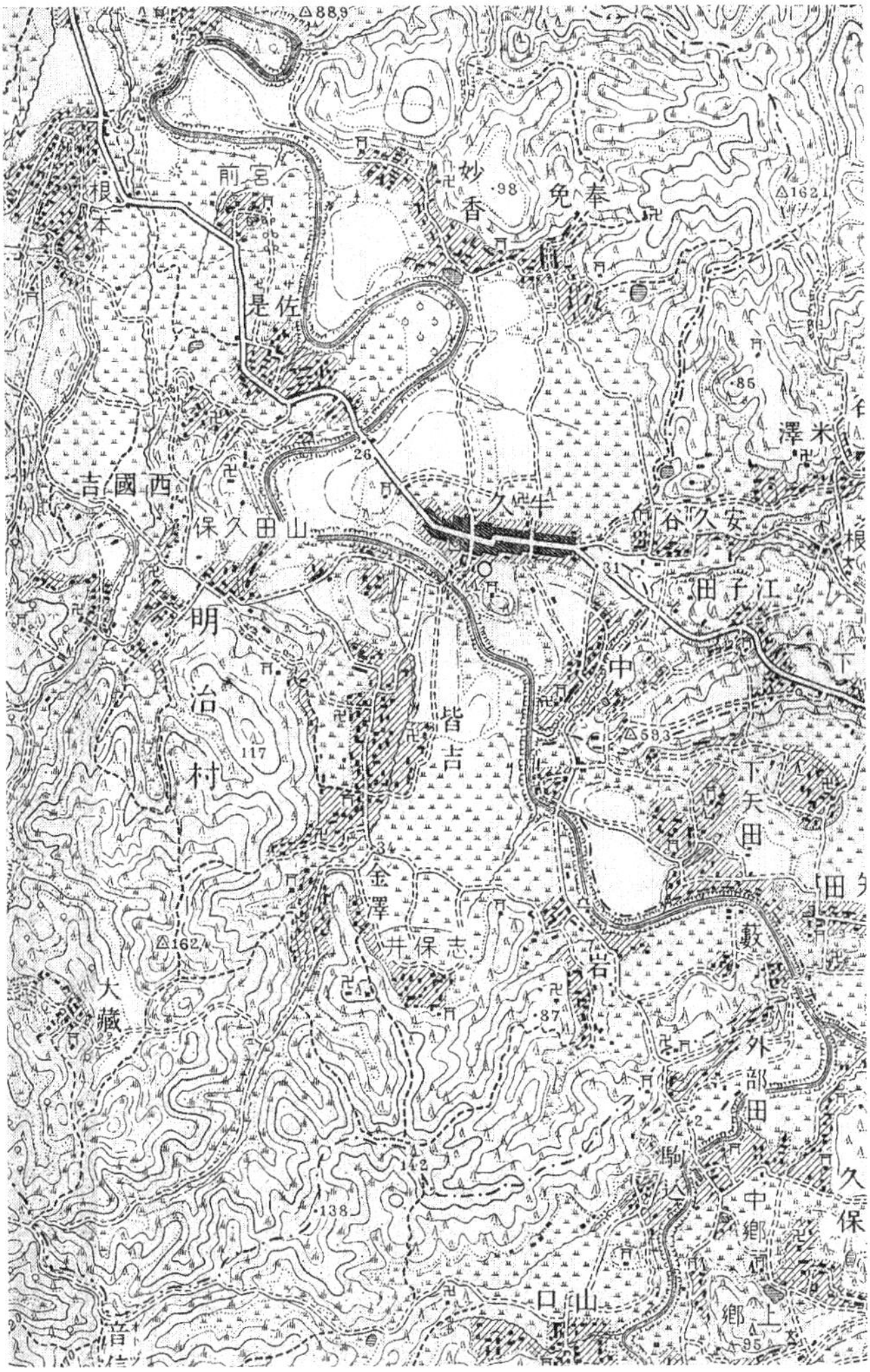

後に牛久町と改称される千葉県の明治村。
1:50,000「姉崎」大正 10 年（1921）鉄道補入

数三〇〇未満の小町村で、一町村あたりの人口は全国最低レベル。このため県知事は明治三八

年（一九〇五）の訓令で、「今后社会ノ進運ト時勢ノ発展ニ伴ヒ自治体ノ負担愈々《いよいよ》益々増進スヘキハ自然ノ理勢」であり「合併シ其独立ヲ鞏固《きょうこ》ニスルハ（中略）最モ喫緊ノ要務ニ属スト認ム」とし、「人口五〇〇〇人以上」を標準として再度の合併を大々的に行わせた。その結果、町村数は二六四に激減し、今度は全国でも一町村あたりの人口が一躍トップクラスとなった（以上『市町村沿革史―愛知の百年―』愛知県総務部地方課ほか編より）。その中で生まれたのが愛知県の二つの明治村であった。

このうち碧海郡の明治村は現在安城市、碧南市、西尾市の三市にまたがっているのが目立つ。同村はその後「昭和の大合併」を迎えるのだが、昭和三〇年（一九五五）四月一日に南端の旧米津《よねづ》村が西尾市へ、文字通り西端の旧西端《にしばた》村が碧南市、残り全部が安城市にそれぞれ編入された。ここだけではないが、近隣の村との間柄は微妙な利害が絡むために、合併や編入の形態も複雑になりやすい。この事例も、各地区がそれぞれ隣接自治体との関係をよく考えた結果ではないだろうか。

福島県伊達郡の明治村は、意外にも明治ではなく昭和五年（一九三〇）に飯野村から分立して誕生した。これは昭和二年（一九二七）の大火で村役場が焼失した後、新役場の場所をめぐって紛糾した結果という。なぜ「明治」の名称を採用したかはわからないが、こちらは「昭和の大合併」の時期にあたる昭和三〇年（一九五五）に再び飯野町に戻り、旧明治村域は「大字明治」として残り、現在は福島市飯野町明治として引き継がれている。全国各地の旧明治村

全国に多数存在した明治村のうち愛知県碧海郡の明治村。「昭和の大合併」期の昭和 30 年（1955）に安城市・西尾市・碧南市にそれぞれ分割編入されて消滅した。1:50,000「岡崎」昭和 5 年（1930）鉄道補入

のほとんどは合併で他市町の区域になった際、旧大字だけが生き残るのがふつうだ。このため明治の名は小中学校名や農協、役場の支所名などに残るのみなのが普通だが、この福島県の方は旧村名の「明治」が大字名となった珍しい事例だ。

大分県南海部《あまべ》郡の明治村は、「昭和の大合併」期にあたる昭和三一年（一九五六）に昭和村の一部となったので、たとえば明治村大字尺間《しゃくま》が昭和村大字尺間になった。元号村から元号村へ移行するのはきわめて珍しい（ただし翌三二年に昭和村は弥生村と改称）。もうひとつ、これは番外編になるが愛媛県松野町にあった明治村。読みは「あけはる」で、確かに元号を採用したというが、わざわざ訓読したのは、そのままでは「畏れ多」かったためか、あるいは「芸がない」と判断したのか……。いずれにせよ昭和一五年（一九四〇）の町制施行時に松丸町と改称している（後に吉野生村と合併、合成して松野町）。

参考までに紹介すると、旧村名を引き継ぐ「明治小学校」は意外に存続している。国土地理院の「地理院地図」で検索すると青森県八戸市、山形市、栃木県上三川町、群馬県吉岡町、東京都江東区、神奈川県藤沢市、新潟県上越市、名古屋市、大阪市、奈良市、鳥取市、岡山県井原市、福岡県大牟田市、大分市、大分県佐伯市の一五か所がヒットするが、このうち一一か所は明治村に由来する。残りの四校は東京都江東区と大阪市、八戸市、大牟田市で、大阪市と八戸市は学校の統合で誕生、江東区は明治一〇年の改称、大牟田市は所在地が明治町になってから改称されたものだ。

「仲良し系」の町村名

市町村の対等合併はなかなか疲れるらしい。対等だからこそ新自治体の名前もお互いが主張もしくは牽制し合うため、なかなか決まらない。そこで明治の大合併の頃から内務省でも「紛糾しそうな場合は合成地名などいかが？」などと解決策を提示してきた。それでも村の数が多くて合成もままならない場合などは七つの村で「七会村《ななかい》」（現茨城県城里町）のように村の数そのものを織り込んだものも急造されたが、他に「仲良くしよう」というメッセージを込めたさまざまな村名が生まれている。

たとえば平成一七年（二〇〇五）に山口県萩市の一部となった「むつみ村《そん》」。村の誕生は昭和の大合併の時期にあたる昭和三〇年（一九五五）四月一日で、吉部《きべ》村と高俣村が合併した。阿武《あぶ》郡のまん中にあることから阿の字を含むものにしようという意向もあったが、武の字に加えて「集まる」意味をもつ津、それに美を付けて武津美村と字を当て、「互いにむつみ合う理想郷を作ろうと命名」した（以下、この項では由来にまつわるカギカッコ内は『角川日本地名大辞典』による）という。しかしこの漢字の当て字は複雑だとして、結局はひらがな表記となった。当時としてはかな書きの自治体名は非常に珍しく、唯一の存在であった長野県ちの町《まち》が茅野町（現茅野市）となって消滅したばかりだったので、他には同年三月三一日に誕生したばかりの和歌山県すさみ町のみであった。

ちなみに合併後は大字に旧村名が冠されなかったので、たとえば「むつみ村吉部上《きべかみ》」は「萩市吉部上」となり、旧村名は地名としては消滅し、むつみ小・中学校などに残るのみである。ついでながら、当地の陸上自衛隊むつみ演習場への陸上配備型イージス弾道ミサイル防衛システム「イージス・アショア」の配備をめぐって反対運動が起きたのが、基地に隣接する阿武町だ。結局システムの配備は見送りとなったが、これほど「むつみ」の名が全国に報道されたのは村時代にもなかったことだろう。

漢字表記した村もある。今は千葉県八千代市域となっている睦《むつ》村は明治二二年（一八八九）の町村制施行時に一〇か村が合併したもので、「新村民の共同親睦の意義を表して命名された」という。睦み合う意味合いそのままの睦合村は、現在の福島県桑折《こおり》町、神奈川県厚木市、山梨県南部《なんぶ》町、熊本県玉名市に存在したが、いずれも「仲睦まじく」という願いが込められた合併時の新地名である。邪推すれば、村名決定がなかなか睦まじくいかなかったための苦しい命名なのかもしれないが。

珍しいのが大分県竹田《たけた》市の会々《あいあい》。町村制に先立つ明治八年（一八七五）に七里、下木《したぎ》、上鹿口《かみかぐち》、鹿口、平《ひら》、千引《せんびき》の六村が合併したものだが、『角川日本地名大辞典』によれば「代表すべ

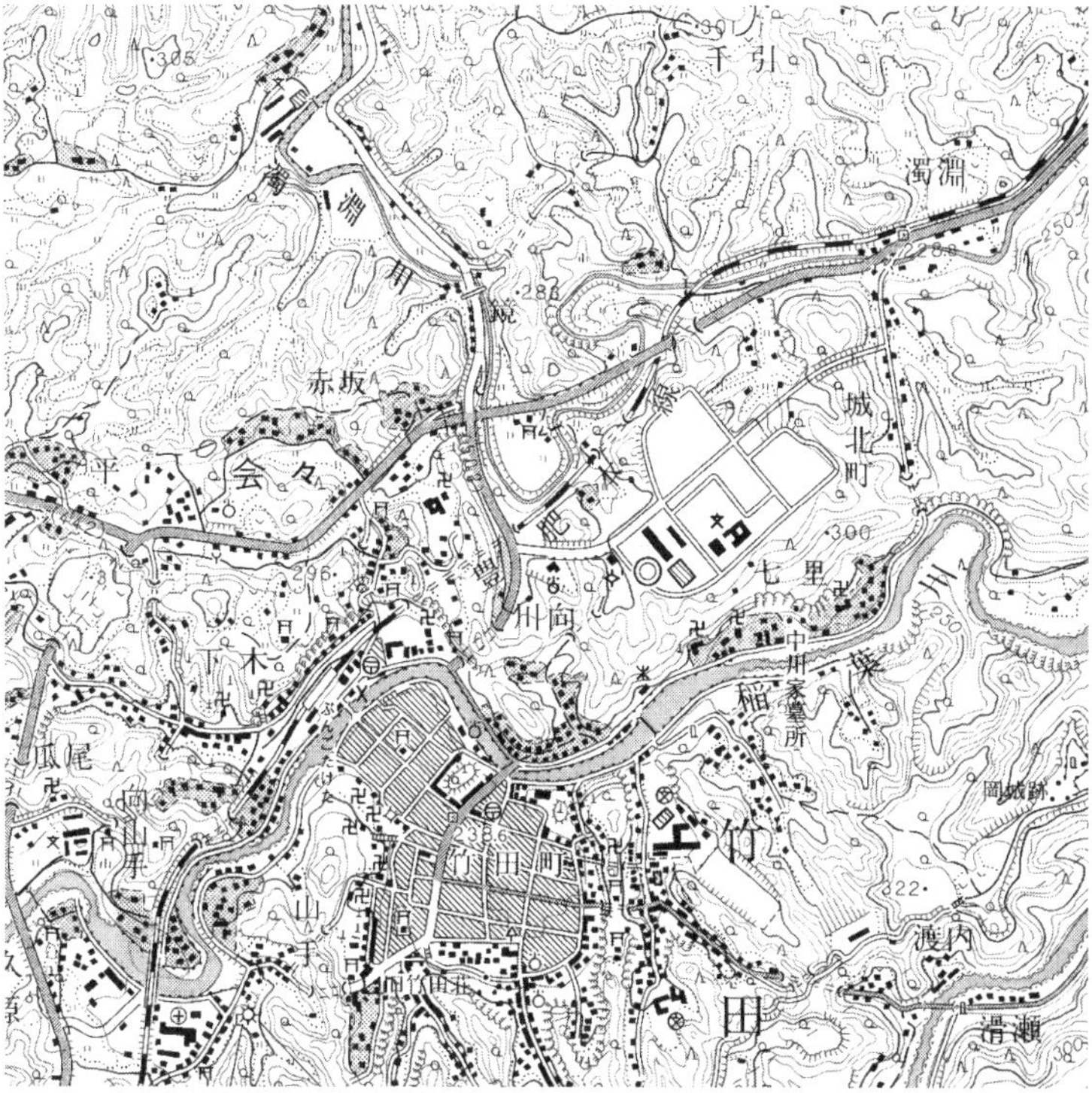

代表すべき村名がなく、村を合わせる意味で付けられた「会々」の地名。
1:25,000「竹田」平成 11 年（1999）部分修正

き村名がなかったため、村を合わせる意味で付けられたとい
う」のでアイアイ、という発想は不思議なセンスである。竹田市街の北側エリアであるが、ＪＲ豊肥本線豊後竹田駅の所在地も竹田市会々だ。

聖徳太子十七条憲法には「和を以て貴しと為し」とあり、また人名にも多く用いられているように、和の字も好まれる。長野県小県《ちいさがた》郡に昭和三一年（一九五六）まであった和《かのう》村（現東《とう》御《み》市）は、町村制に先立つ明治九年（一八七六）に六村が合併する際に、当時の戸長らが「合併各村が和をもって納まるように」と提案したと伝えられる。もうひとつは茨城県鹿島郡の和《かず》村で、春秋《はるあき》、小見、塙《はなわ》、立原が明治八年（一八七五）に四村合併で誕生した。鹿島灘と北浦の間に位置する台地上の村で、町村制施行時に大同《だいどう》村（これも一一か村合併による仲良し村名）大字和となり、現在は鹿嶋市和となっている。漢字一文字の大字であるが、和の南東端から四〇〇メートルの距離にあるのが、鹿島臨海鉄道大洗鹿島線の長者ケ浜潮騒はまなす公園前駅。つい最近まで「日本一長い駅名」として知られていた。ちなみに現在の最長は京都市を走る京福電鉄北野線の「等持院・立命館大学衣笠《きぬがさ》キャンパス前」である（令和二年三月二〇日に等持院から改称）。

京福電鉄北野線に登場した日本最長の駅名（京都市北区）。令和２年（2020）10月８日加除出版撮影

　さて、共和村や協和村の類はいくつもあり、たとえば東海道本線に共和駅のある愛知県の共和村。現在は大府《おおぶ》市内にあるこの村は、明治九年（一八七六）に八村合併で誕生した。共和を名乗った村はこれまでに一〇を超えるが、現存するのは北海道後志《しりべし》総合振興局管内の共和町だけである。この町はニセコアンヌプリの北斜面にあり、南部のワイスホルンはおそらく日本唯一ではないかと思われるドイツ語由来の山名で、スイスのワイスホルン（白い尖鋒の意。スイスには同名の山がいくつか存在）に似ていることにちなむという。秋田県協和町は昭和の大合併期にあたる昭和三〇年（一九五五）に四村合併で誕生、平成一七年（二〇〇五）には合併で大仙市となって消滅したが、旧協和町域では旧町名を冠した大字名となったため、たとえば協和町境は大仙市協和境と、旧町名の名残を留める。

東海道本線共和駅。明治39年（1906）までの典型的「仲良し村名」の名残である。令和2年（2020）10月31日加除出版撮影

　駅として旧村名が残るものでは、大井川鐵道の五和《ごか》駅。現在は静岡県島田市内だが、明治二二年（一八八九）に一一村および牧ノ原の飛地が合併して誕生したが、このエリアが「志戸呂《しとろ》五ヶ村」と呼んだことに由来する。昭和二年（一九二七）に大井川鐵道が最初に開業した際（金谷～横岡〔廃止〕間）の駅であった。現在では駅名と郵便局、小学校名などに残るのみで、

和を「か」と読むのは現代では珍しいが、もともとワという読みは呉音で、漢音ならカである。音楽の和音もかつては「かおん」と読ませたそうだ。

平和を前面に打ち出した村もあった。平成一七年（二〇〇五）に稲沢市域となった愛知県平和町は、明治三九年（一九〇六）に愛知県内で行われた二度目の大合併で平和村として誕生したが、新村名をめぐって紛糾し、当時の県知事が「平和にやってほしい」として命名したという。人口増加に伴って昭和二九年（一九五四）から平和町となったが、その後は昭和五〇年（一九七五）から五五年にかけて何度か稲沢市との間で境界変更が行われたという。平和裡に変更されたのだろうか。

同じ平和村でも戦後の昭和二九年（一九五四）から合併で消滅する三一年まで短期間ながら存在した高知県吾川《あがわ》郡平和村（現高知市春野町）は、『角川日本地名大辞典』によれば「第二次大戦後の日本の進むべき方向の平和国家」にちなんで名付けたという。当時は「平和憲法」の制定からまだ七年、戦争の記憶も生々しい時代ならではの命名ではないだろうか。

非地名系の市が増えている

桜の名所にちなむ「さくら市」（栃木県）の案内板。令和２年（2020）10 月 13 日加除出版撮影

さくら市、みどり市。いずれも平成の大合併で誕生したものだが、地元の人を除いて、その所在地を正確に当てられる人がどれだけいるだろうか。さくら市は平成一七年（二〇〇五）に栃木県塩谷《しおや》郡の氏家《うじいえ》町と喜連川《きつれがわ》町が合併して誕生したもので、市役所の最寄り駅は東北本線の氏家駅。氏家も喜連川ももとは奥州街道の宿場町である。「さくら」にしたのは両町ともに桜の名所があるから、というものだ。桜の名所は日本中にいくらでもあるが、思えば養蚕を奨励した大桑村（長野県）とか、柿が名産だから柿生村（現川崎市麻生区）など、名物や名産を名乗る村は明治町村制の頃からあった。

みどり市は群馬県である。勢多《せた》郡東《あずま》村と山田郡大間々《おおまま》町、それに新田《にった》郡笠懸《かさかけ》町という別々の郡に属する三町村が平成一八

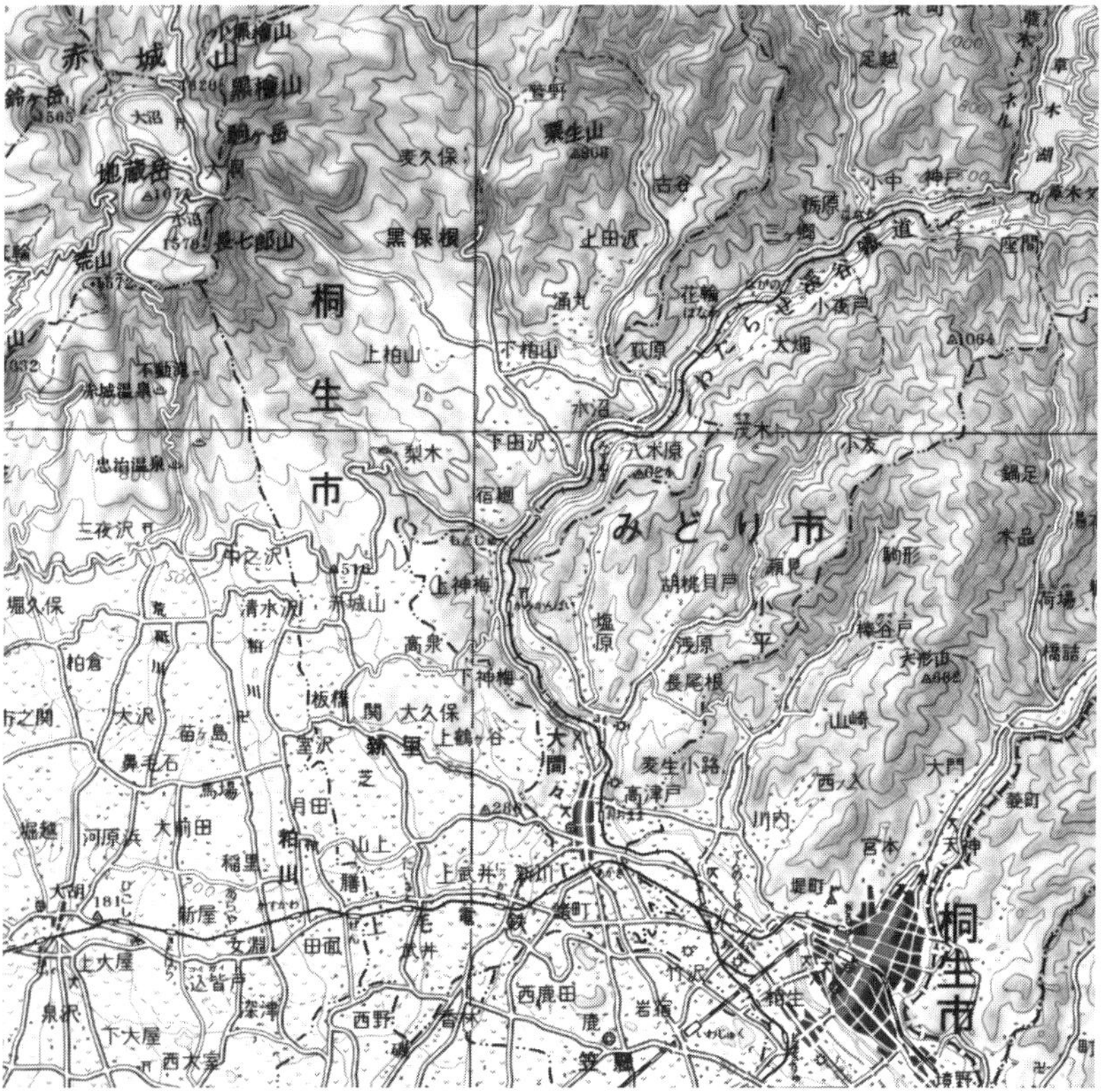

非地名系の「みどり市」。桐生市として大合併するはずが事情により別の新市になった。1:200,000「宇都宮」平成17年（2005）要部修正

年（二〇〇六）に合併した。三町村合併で所属郡がすべて異なるのは珍しい。順調にいけば広域の桐生市となるはずだったが調整がうまくいかず、二分された桐生市域のまん中に南北に細長いみどり市が挟まる不自然な形となった。「みどり豊かな自然のあふれる、美しい街並みの市」を目指して命名したというのが公式見解である。いずれにせよ、さくら市、みどり市の両市名は日本中どこにでも命名可能な名称で、歴史的地名とは一切関係ない。

さて、歴史的地名に基づかず概念や徳目、イメージなどを名乗る自治体はどのくらいあるだろうか。明治町村制が施行された際にも「栄村」とか「明治村」などの類が大いに流行したので昨日今日始まったものではないが、時代による傾向はある。やはり明治、大正、昭和戦前期は、たとえば国号であり、かつ「大いに和する」と読める大和《やまと》村（現神奈川県大和市や東京都東大和市など）や日本の雅称である敷島村（現群馬県赤城村）などが好まれた。

これら「非地名系」の自治体名は、既存の有力な地名を隠してしまうので、わかりにくいことから旧地名が復活することも少なくない。たとえば兵庫県武庫郡（当初は兎原《うはら》郡）精道《せいどう》村は精道小学校（現芦屋市立）の名前にちなむもので、「奥深い道を究める」といった明治期創立の学校名によくある事例である。しかし他地域の人に通じにくかったためか、住宅地が急増して村から「二階級特進」で市制施行する際に、特定の大字名をとって芦屋市と改称された。明治町村制での誕生だが、芦屋の他に打出、三条、津知の計四か村の合併である。村役場は当初から芦屋に置かれ、また国鉄芦屋駅の所在地でもあるなど中心地であったことから芦屋の名が選ばれたのだろう。市制施行前年の昭和一四年（一九三九）には人口は「村」ながら四万に迫っていた。

平成の大合併では「雰囲気」を重視した新自治体名が目立つ。最近の流行なのか空気にちなむものが続出している。まず熊本県の人吉盆地に誕生したあさぎり町（上《うえ》村、免田《めんだ》町、岡原《おかはる》村、須恵村、深田《ふかだ》村が平成一五年に合併）。この盆地にしばしば発生する朝霧に由来するという。町名は第二四回中球磨《なかくま》五か町村合併協議会の付託を受けた新町名候補選定小委員会が「新鮮さ・清らかさ・自然を表すイメージで好感が持てる」「農産物のブランド名としても売り込める」「若者の支持が多い」などの理由を挙げ、全会一致で決定した。

北海道網走市の隣に位置する大空《おおぞら》町は、平成一八年（二〇〇六）に空港のある女満別《めまんべつ》町と東藻琴《もこと》村が合併して誕生した。町のホームページによれば「大空町という名称は、澄み切った大空、そしてその大空の下に広がる実り豊かな大地のもとで、住民が夢や希望を持ち、晴れ晴れした気持ちで暮らしていくことをめざすものとして命名されました」とある。オホーツク地方の玄関口という位置付けなので、町名の女満別空港もきっと意識されているのだろう。女満別はアイヌ語に由来し、諸説あるが「メム・ヤム・ペツ（冷たい泉が湧いている川）」という。空港名は今のところ変わっていない。

もっと雰囲気に近いのが、あさぎり町と同じ熊本県の和水《なごみ》町である。考えてみればかなりの難読であるが、平成一八年（二〇〇六）に三加和《みかわ》町と菊水《きくすい》町が合併した新町名だ。両町の末尾の文字を並べた合成地名ながら、それを「わすい」ではなく「なごみ」としたのが新機軸。キラキラネームとは言わないが、思い入れの強い難読の「空気地名」である。協議会では和気あいあいと雰囲気よく決めたのかもしれないが、いずれにせよ歴史的地名とは断絶した存在で、もし日本中にこの類の名称があまり増えれば、故郷へ帰って「浦島太郎」を感じる人が確実に増えることは間違いない。

ちなみに合併した三加和町は昭和三〇年（一九五五）の誕生で、『角川日本地名大辞典』によれば「合併三か村が一体となり、平和楽土を建設して繁栄することを願って命名したもの」という。こちらも「和み」精神に基づくものであった。もう一方の菊水町は菊池川に由来する。

「超広域地名」を採用する市

九州初の政令指定都市として昭和三八年（一九六三）に誕生した北九州市は、福岡県門司《もじ》市、小倉《こくら》市、若松市、戸畑市、八幡《やはた》市が合併したものだ。市役所は旧小倉市（小倉北区）に置かれ、また旧五市は「北九州工業地帯」として市街地もある程度連続していたが、五市それぞれに中心があるため、それまでの六大都市（東京、横浜、名古屋、京都、大阪、神戸）のように明確な都心部をもつ都市とは違う、広域合併としての初の政令指定都市となった。

市の新名称を住民に公募した結果、意外にも最多は「西京市」であったというが、結局は第二位の北九州市に落ち着いている。西京という呼び名が京都市の西部を思わせるもの、もしくは山口市の異称である一方で、「北九州」の方は戦前から定着していた北九州工業地帯の名称であり、五市のうち四市（門司―小倉―戸畑―八幡）を結ぶ路面電車であった西鉄北九州線（廃止）の名称などが決め手になったようだ。

現在札幌市から熊本市まで二〇ある政令指定都市（令和二年九月現在）のうち、北九州のように本来の都市名ではなく広域地名を採用した市は、埼玉県さいたま市と神奈川県相模原市である。このうち、さいたま市は県名を採った。もともと埼玉という地名は埼玉郡（明治一二年からは北埼玉郡・南埼玉郡）に由来するが、当初さいたま市となった領域である大宮市、与野市、浦和市の三市はいずれも足立郡（北足立郡）に所属するため、本来の埼玉郡（行田市、羽生《はにゅう》市など）からクレームが付いた。しかし足立は東京都に足立区（旧南足立郡）もあって紛らわしく、結局は県名をひらがな化して「埼玉郡色」を薄め、平成一三年（二〇〇一）に誕生した。旧市のうち与野市については、なぜか政令指定都市の行政区名として採用されず中央区となった。住民のかなりの割合が「与野区」を支持したにもかかわらず、遅くとも鎌倉時代には存在した与野の地名がこの不見識な選択により失われてしまったのは残念である。

相模原の地名が自治体になったのは昭和一六年（一九四一）に遡る。もともとは相模川左岸の平坦な台地を指す自然地名であったが、軍都計画の国策に沿って二町六村―神奈川県高座《こうざ》郡上溝《かみみぞ》町、座間町、相原村、新磯《あらいそ》村、大沢村、大野村、田名村、麻溝《あさみぞ》村が合併、その際に新町名として採用されたものだ。域内には陸軍士官学校（現キャンプ座間）や陸軍造兵廠（現米軍相模原総合補給廠）などが昭和一二年（一九三七）から進出している。しかし合併が半ば強制的に行われたため昭和二三年（一九四八）には旧座間町が分離独立（現座間市）、市制施行は同二九年と遅れた。相模原市は現在の政令指定都市の中で唯一の「戦後生まれの市」である。

広域の市名は以前から見られた。古典的な例としては旧国名を名乗るもので、古くは岐阜県武儀《むぎ》郡美濃町。明治四三年（一九一〇）に上有知《こうづち》町が改称して名乗り始めたのが最初期の例である。ただし当地の名産である「美濃紙」の影響が強いので、必ずしも旧国名を名乗ったとは言えないかもしれない。

新市名を決めるのは大変な調整を要する仕事で、広域市名が戦後になって激増したのも、旧国名を選んでおけばとりあえず異論は出にくいという判断だろうか。たとえば戦後の古株では岡山県備前市（昭和二六年の備前町から）、宮崎県日向《ひゅうが》市（同年）などがあるが、昭和の大合併期から数年の間には鹿児島県薩摩町（昭和二九年、現さつま町）、秋田県羽後町（昭和三〇年）、滋賀県近江町（同年、現米原市）、徳島県阿波町（同年、現阿波市）、埼玉県武蔵町（昭和三一年、現入間市）、石川県加賀市（昭和三三年）、佐賀県肥前町（同年、現唐津市）、高知県土佐市（昭和三四年）など各地に登場している。平成の大合併になるとさらに増えて（合併で消えたものもあるが）、福井県若狭町（平成一七年）、福井県越前市（同年、旧武生市ほか）、福岡県筑前町（同年）、栃木県下野《しもつけ》市（平成一八年）、岩手県奥州市（同年）などが次々と誕生した。

最後の奥州市が採用した陸奥国はとてつもなく広大である。市域は水沢市と江刺《えさし》市の他に前沢町、胆沢町、衣川村の五市町村合併で面積は約九九三平方キロと東京都二三区の約一・六倍でたしかに広いが、陸奥国の領域は青森、岩手、宮城、福島、秋田県の一部（鹿角市、小坂町）にまたがる。これは九州に匹敵する広さだ。他の「国名市名」でも同様であるが、奥州の一部にあたる岩手県の一部が「奥州」を名乗る違和感はどうしても拭えない。

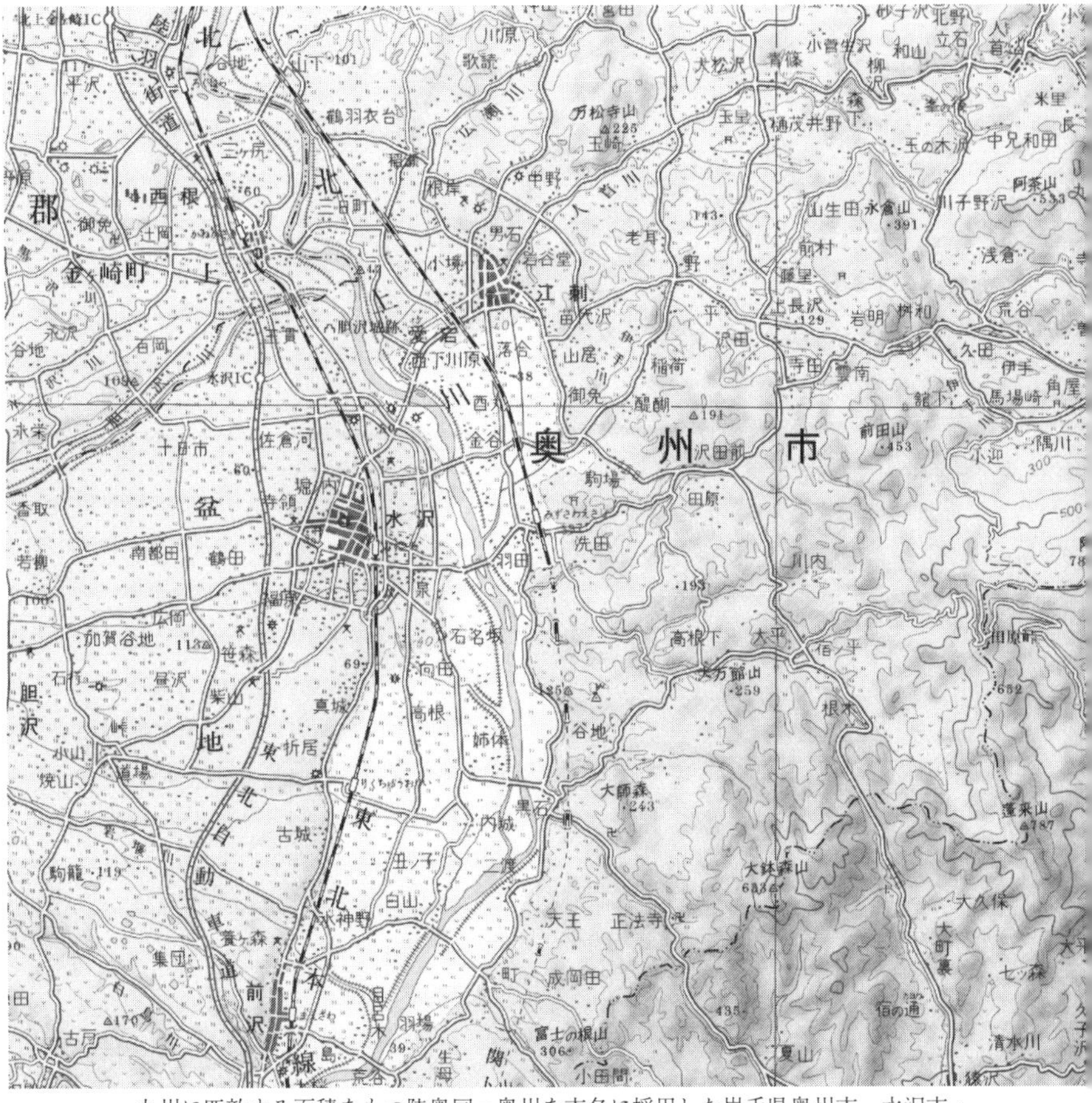

九州に匹敵する面積をもつ陸奥国＝奥州を市名に採用した岩手県奥州市。水沢市・江刺市のほか３町村合併で誕生した。1:200,000「一関」平成 24 年（2012）要部修正

南九州市（平成一九年）の名称も話題になった。鹿児島県揖宿《いぶすき》郡頴娃《えい》町と川辺郡知覧《ちらん》町と川辺町の三町合併で、名前は実に巨大なのだが、先に挙げた北九州市に比べて人口規模も三・四万人（令和二年九月末現在）とはるかに小さい。これも奥州と同様、単に「南九州」と言った場合に広域としての九州の南半分を指すのか、それとも薩摩半島の一部に過ぎない南九州市を指すのかが判然としないことだ。地名は本来的に一定の地点やエリアを特定する役割・機能があるはずなのだが、広域地名をあまり安易に利用してしまうと、「南九州の中の鹿児島県」「旧奥州の中の岩手県」といった地名階層の本来の上下関係を逆転させてしまう。このことはもう少し認識されてもいいのではないだろうか。

山と川、それに観光と名産

山の名前を市町村名に

今から六〇年以上も前に行われた「昭和の大合併」は、町村合併促進法が施行された昭和二八年（一九五三）一〇月一日から同三一年九月三〇日までの三年間に行われたものを指す。『全国市町村名変遷総覧』（日本加除出版）によれば、法施行日の九八六八市町村は法が失効した後の同三一年一二月一日に三九六八市町村と、ほぼ四割になった（東京都二三特別区を除く）。

全国と同様に長野県でも合併が進んだが、伊那谷のほぼ中央部にある駒ヶ根市は昭和二九年（一九五四）に誕生した。中心市街のある赤穂《あかほ》町の他に宮田《みやだ》町、中沢村、伊那村の四町村が合併したもので、公募で決まった市名の「駒ヶ根」は木曽駒ヶ岳の根、つまり麓に位置することにちなむ。

国鉄飯田線の駅名も市制施行五年後には赤穂から駒ヶ根に改められている。赤穂といえば塩の名産地であり「赤穂浪士」の兵庫県赤穂《あこう》市がよく知られているが、長野県の赤穂は三州街道の赤須《あかず》と上穂《うわぶ》の二つの町が明治の始めに合併した際の「合成地名」である。ついでながら合併した宮田町は二年後に駒ヶ根市から「離脱」して宮田村に戻った。宮田村→昭和二九年一月に町制施行で宮田町→同年七月に駒ヶ根市宮田→同三一年九月に宮田村と慌ただしい経緯をたどっている。

その駒ヶ根の地名が実は戦前にも同じ木曽駒ヶ岳山麓に存在した。しかも反対の木曽谷側である。明治二二年（一八八九）の町村制で上松《あげまつ》・荻原《おぎはら》の両村が合併した際に誕生した駒ヶ根村だが、こちらは大正一一年（一九二二）に町制施行した際に上松町と改称したため消滅した。ところが同じ「駒ヶ根」の地名が三三年を経て反対側に復活したのである。古文書に「長野県駒ヶ根村」の文字を見つけて駒ヶ根市の前身と誤解しなければよいのだが。

山の名前の自治体といえば、やはり日本一の高さを誇る富士山に関するものは多い。まずはその南麓に位置する富士市。このエリアはもともと富士郡に所属し、富士川《かわ》も流れているので厳密に「山名」とは言い切れないが、東海道本線の富士駅が明治四二年（一九〇九）に設置された時点では富士郡加島《かしま》村であった。にもかかわらず富士駅に決まったのは、やはり富士山を意識したからだろう。富士製紙（初代王子製紙に合併され消滅）の工場も影響したとされている。その加島村も昭和四年（一九二九）に単独町制施行した際に富士町と改めた。駅名のもつ影響力は侮れない。

富士町は昭和二九年（一九五四）に隣接二村と合併して市制施行、富士市となった。昭和四一年（一九六六）に隣の吉原市と対等合併した際にも、結局は「富士市」の名が存続しているのは、やはり富士の高嶺の威力であろう。ただし富士の名を最初に市名に採用したのは富士市ではなく山梨県の富士吉田市だ。

その「富士吉田」も実は駅名が先で、ちょうど静岡県側で富士町が誕生したのと同じ昭和四年（一九二九）に開業した富士山麓電気鉄道（現富士急行）の富士吉田駅（現富士山駅）にならった形である。富士吉田市も合併で誕生した。中心市街は富士上吉田町（以前は福地《ふくち》村）と下吉田町に分かれていたが、明見《あすみ》町と昭和二六年（一九五一）に三町合併して駅名と同じ富士吉田市となった。「平成の大合併」ではその隣の河口湖町が勝山村、足和田《あしわだ》村、上九一色《かみくいしき》村（一部）と平成一五年（二〇〇三）に合併した際にも新たに富士河口湖町《まち》の名を選んでいる。時代は遡るが、静岡県では戦前の昭和一七年（一九四二）に富士郡大宮町が富丘《とみおか》村と合併、市制施行する時に富士宮市とした。

富士山は日本のシンボル的な存在なので、均整のとれた主に火山は「〇〇富士」と呼ばれることが多い。最も北が北海道の利尻《りしり》島にある利尻富士（利尻山の異称）で、これを採用したのが利尻富士町。以前は東利尻町と称したが、平成二年（一九九〇）に改称した。ちなみに隣の利尻町には全国各地に数多い中で「最北端の富士見町」で知られる。「本家」の富士山は見られないので、この富士は利尻富士を指す。

同じ道内で山名をとった自治体では日本唯一のカタカナ書きの町で知られるのが北海道ニセコ町。こちらは昭和三九年（一九六四）に狩太《かりぶと》町から改称したもので、ニセコアンヌプリとい

カルデラをもつ妙高山（右）と黒姫山。信越本線（現えちごトキめき鉄道妙高はねうまライン）の車窓から撮影した。平成26年（2014）5月18日撮影

う山名の後略形である。ニセコアンヌプリとはアイヌ語で「絶壁に向かっている山」を意味するという。

越後富士と呼ばれるのは妙高山で、この山も裾を長く引く秀峰だ。平成一七年（二〇〇五）に新井市・妙高高原町・妙高村の三市町村が合併して妙高市が誕生した。既存の市名である新井を押しのけて妙高山が前面に出たわけだが、旧妙高高原町はなかなか面白い経歴を持っている。

まず明治二二年（一八八九）の町村制施行で一本木新田・二俣村・田切村・田口新田・毛祝坂《けわいざか》新田村が合併してできたのが妙高村（初代）であるが、同村に同三四年、境村の一部と関川村が合併した際に名香山《なかやま》村となった。別の山に乗り換えたかといえば、これが同じ妙高山の旧名。もともとこの山は古く「越《こし》の中山《なかやま》」と呼ばれていたのが、なるべく良い二文字で表わすという日本の伝統「好字二字化」で名香山と表記を変えた。やがて音読みが格好良いとす

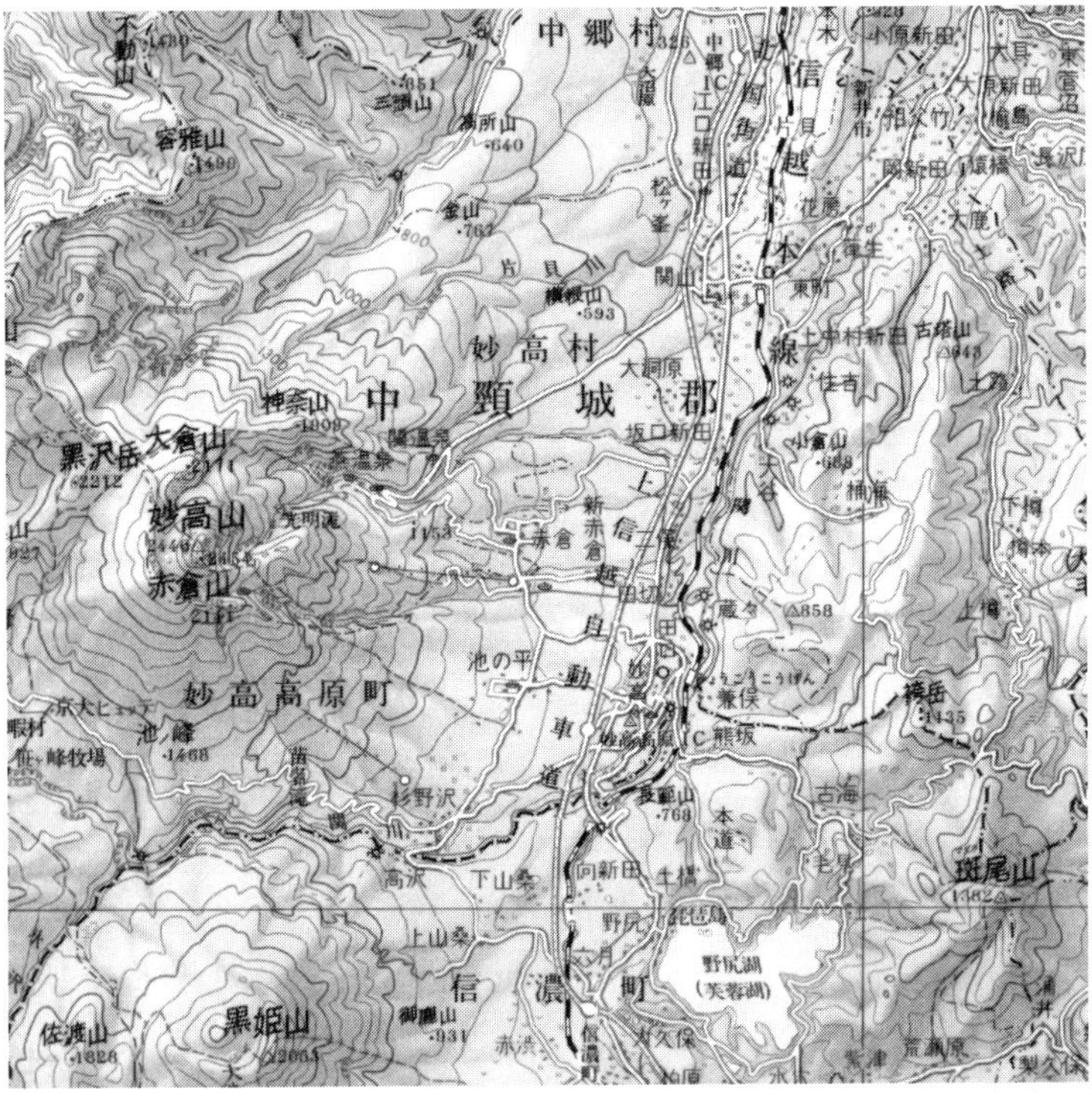

平成の大合併以前、妙高山の南側には妙高高原町、北麓には妙高村があった（両者とも現新潟県妙高市）。1:200,000「高田」平成９年（1997）要部修正

る感覚でミョウコウと音読みに変えられ、さらに「妙《たえ》なる高い山」という好字が当てられた結果である。

名香山村になった後、昭和の大合併期の昭和三〇年（一九五五）には同村の北に隣接した地域に妙高村（二代目）も誕生し、さらに同年に名香山村が妙高々原村と改称する（翌年町制施行、昭和四四年からは妙高高原町）。隣が妙高村になったのに刺激されたのかもしれない。そして今回の妙高市だが、この山はとにかく明治の昔から人気絶大である。「統合の象徴」に山名を選ぶというのは、古くから山岳信仰が根付いていた国ならではの現象なのだろうか。

仲を取り持つ川の名前

「平成の大合併」で新たな自治体名に決まったものを見ると、話題になる一部の例を除けば、郡名など既存の広域地名を採用したものが比較的多かった。それらの中で意外に目立ったのが川の名前である。人気のある川は複数から引っ張られたようで、たとえば高知県で隣り合う四《し》万十《まんと》市（中村市・西土佐村）と四万十町（窪川町・大正町・十和村《とおわそん》）、新潟県では阿賀野市（安田町・京ヶ瀬村・水原《すいばら》町・笹神村）と、隣の阿賀町（津川町・鹿瀬《かのせ》町・上川村・三川村）の例があるが、これらは地元の人でなければ区別がつかないかもしれない。

山梨県では大合併もひと区切りついた後の平成二二年（二〇一〇）三月八日に、増穂《ますほ》町と鰍沢《かじかざわ》町が合併して新しく富士川《かわ》町が誕生した。ただしこの富士川町は、隣の静岡県に平成二〇年（二〇〇八）一〇月三一日まであった町名である。そちらは隣接する富士市に編入されて消えたが、明治二二年（一八八九）に富士川村が誕生して以来、実に一一九年にわたって存在していた（村→町）。東海道本線の駅名も岩淵《いわぶち》駅から昭和四五年（一九七〇）に富士川と改称しており、そのまま今も変わっていない。静岡県側の富士川町が消えて一年半ほど経って同じ川の五〇キロ上流に突如「ワープ」したことになる。ついでながら、富士川水系では支流の笛《ふえ》吹《ふき》川流域に笛吹市（春日居町・石和《いさわ》町・御坂《みさか》町・一宮町・八代《やつしろ》町・境川村）が平成一六年（二〇〇四）に誕生した。静岡県では富士川町の他にも川の名の自治体であった大井川町が焼津市に編入されて消えたが、その一方で近くの菊川町は小笠《おがさ》町と合併して拡大、菊川市になった。「平成の大合併」では命名の発想法が周辺に影響を及ぼすことがあるようで、たとえば川の名前を採用するところは集中する傾向がある。たとえば和歌山県北部には紀の川市（打田町・粉《こ》

JR土讃線窪川駅の駅名標には四万十町の文字が表示されている。平成26年（2014）3月21日撮影

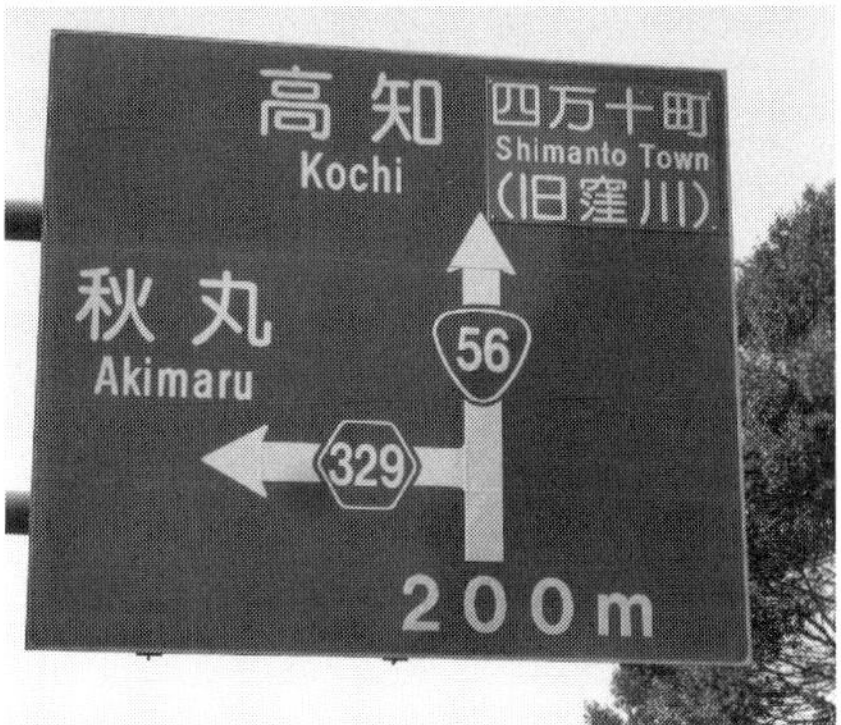

道路標識に見る四万十町。四万十市と混同されないよう（窪川）のカッコ書きが印象的だ。平成26年（2014）3月23日撮影

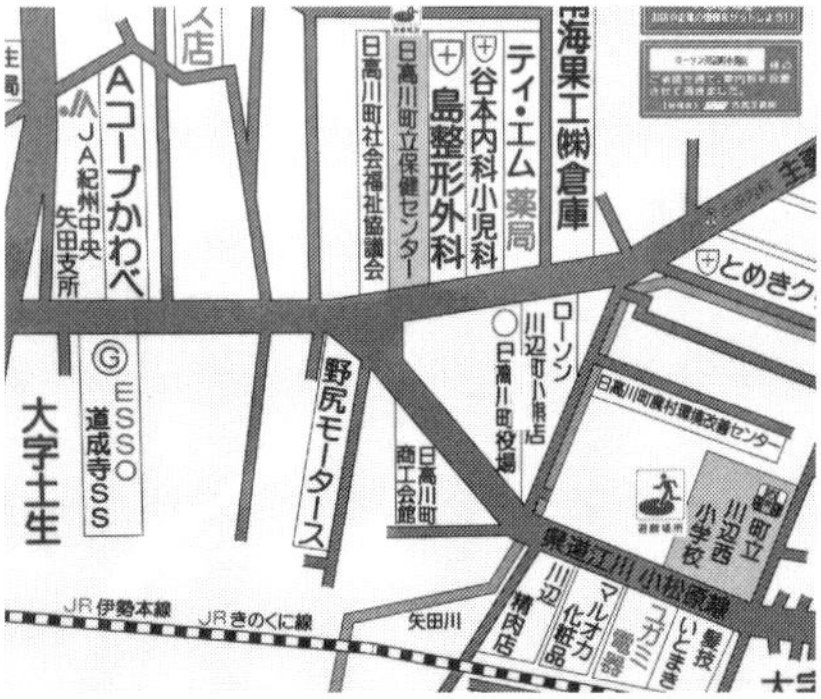

現日高川町と旧川辺町の名称が今も混在する日高川町役場近隣にある案内図。令和２年（2020）10月16日加除出版撮影

有田川町に旧町名が残る「吉備」。平成の大合併で誕生した「有田川町」にあるバス停。令和２年（2020）10月21日加除出版撮影

河《かわ》町・那賀町・桃山町・貴志川町）をはじめ、有田川《ありだがわ》町（吉備町・金屋町・清水町）と日高川町（川辺町・中津村・美山村）がそれぞれ合併で誕生した。四国でも高知県では四万十市・四万十町の他に仁淀川町（池川町・吾川《あがわ》村・仁淀村）、徳島県には吉野川市（鴨島町・川島町・山川町・美郷村）が、それぞれ平成一七年（二〇〇五）前後に相次いで誕生している。これとは対照的に、中国・九州地方には川の名の新市町村名は見当たらない（郡名や都市名と一致する川の名は除く）。

さて、以前から政令指定都市や東京の二三特別区にも川の名は採用されてきた。たとえば大阪市の東淀川区、淀川区、西淀川区の三つ、千葉市の花見川区、浜松市の天竜区（旧天竜市を含む）、東京都の荒川区・江戸川区がある。「荒川に面していない荒川区」の話は有名だが、こちらはかつて荒川の本流だった現隅田

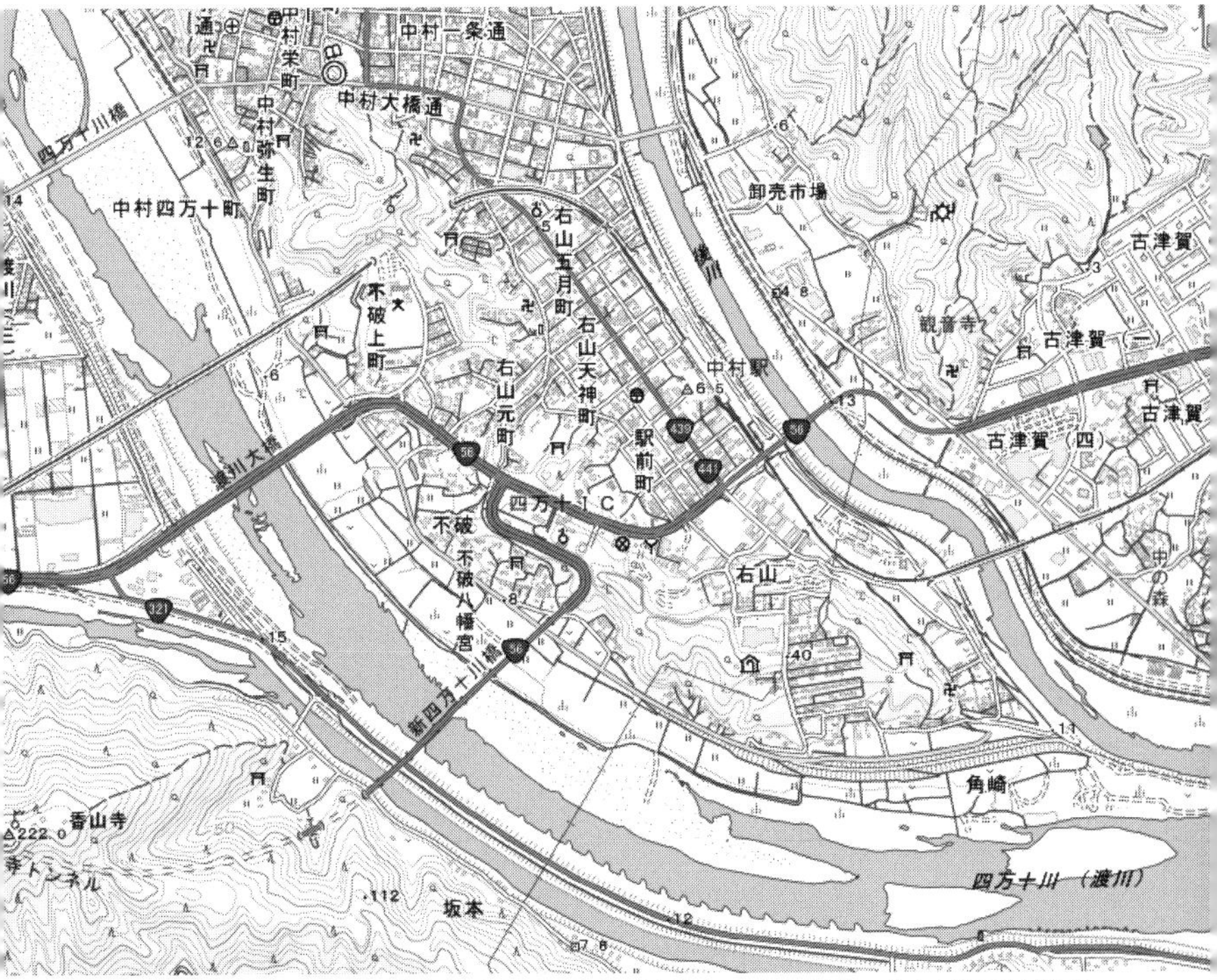

平成の大合併で川の名を付けた四万十市（中村市＋西土佐村）。北には四万十町が隣り合っている。「地理院地図」令和２年（2020）９月29日ダウンロード

川に面しているのでそれほど不思議ではない（区名は昭和七年の命名だから荒川放水路の完成後ではあるが）。名古屋市の中川区は珍しく人工河川の中川運河に由来する。

さて、川の名をそのまま名乗らなくても「川にちなむ地名」は存在する。東京都調布市がそれで、かつて調布といえば多摩川の「枕詞」であった。なぜかといえば、古代に多摩川沿いの土地では朝廷に納める税（調）として多摩川で晒した布を差し出していた時期があり、それが「調布多摩川」「調布玉川」の名で古くから人口に膾炙していた。それが明治の町村制を迎えた多摩川沿いに三つもの調布を名乗る町村を出現させてしまった原因であろう。現在まで自治体名として残っているのは調布市（旧北多摩郡調布町）だけだが、西多摩郡調布村は青梅市の多摩川に架かる調布橋、荏原郡調布村は現在の大田区に建設された「調布村の田園都市」すなわち田園調布の名でその名残を今に伝えている。余談ながら、このお屋敷町に隣接する世田谷区の「玉川田園調布」が玉川の名を冠しているのは、かつて玉川村の領域であったからだ。同村も明治町村制で等々力《とどろき》・奥沢・尾山・下野毛《しものげ》・野良田《のらだ》・上野毛《かみのげ》・瀬田・用賀《ようが》（およびその他飛地）が合併した際の命名で、古くから川の名は自治体名として好まれてきたことがわかる。

川の名が新自治体名としてすんなり受け入れられるのは、川というものの特性としてある程度広い区域を潤しており、昔から用水などで「お世話になっている」という側面があり、これが流域住民から歓迎されたからではないだろうか。

海の名前を自治体名に……琴海、不知火、黒潮

北海道で明治以来ずっと続いてきた「支庁」が平成二二年（二〇一〇）に「総合振興局」および「振興局」に改められた。それまでの支庁は原則として以前の名前で総合振興局・振興局に移行したが、網走支庁だけは「オホーツク総合振興局」と名を変えている。オホーツクはもちろん管内が面している海の名だが、オホーツクという地名は対岸ロシアの小さな町の名で、オホタ川に面していることにちなむ。オホタとは現地語で単に「川」を意味する（これはナイル川やメコン川などと同様だ）。いずれにせよロシアの地名に由来する自治体や行政区などは初めてで、これは日本の地名としても初登場ではないだろうか。

ところで「支庁」も「振興局」も県庁や市役所と同じ行政庁の概念にもかかわらず、学校の地図帳などでは必ず「渡島《おしま》支庁」または「渡島総合振興局」という具合に記されている。もしこれを本州にあてはめれば岩手県ではなくて「岩手県庁」と書かれているようなもので統一がとれていない。しかし他に表現しようがないので、しかたなく支庁と表記しているのだろう。

このため北海道内ではその領域を示すのに「渡島支庁」とは呼ばず、ニュースや天気予報を

はじめ、渡島支庁が管轄するエリアという意味で「渡島管内」を使っている。だから渡島総合振興局に変わっても相変わらず「渡島管内」だ。網走管内はオホーツク管内になったが、当初は庁舎を最大人口をもつ北見市に移転させて「北見総合振興局」とする案も出たというが、予算面などから見送られた。

自治体名に海の名を使った例は他にあるだろうか。鹿児島県には平成の大合併で錦江《きんこう》町が誕生した。錦江は鹿児島湾の異称で、平成一七年（二〇〇五）に大根占《おおねじめ》町と田代町が合併した際に、目の前の海の名を採用したものである。この名称はなかなか人気があるようで、自治体名としては一つだけだが、市内の町名としての「錦江町」は、湾を取り囲む鹿児島市、姶良《あいら》市、垂水《たるみず》市の三か所にある。

異称といえば長崎県の大村湾は琴《こと》の海《うみ》とも呼ばれ、その西岸には平成一八年（二〇〇六）まで琴海《きんかい》町があった（現在は長崎市琴海町）。古くは「ことのうみ」と訓読みしていたそうで、今でも当地の農協は「長崎西彼《せいひ》農業協同組合ことのうみ地区本部」、とひらがな書きでアピールしているし、かつて琴海高校と称した県立長崎明誠高校の文化祭は「ことのうみ祭」という。同校の校歌は長崎出身のさだまさし氏の作詞・作曲によるもので、ついでながら旧琴海町にはさだ氏が所有する島がある。琴海に浮かぶこの島はかつて寺島《てらしま》と称したが、彼が詩島《うたじま》と改めた。

熊本県には平成一七年（二〇〇五）まで不知火《しらぬい》町があった（現在は宇城《うき》市不知火町）。不知火とは海の向こうに謎の火が点々と見える一種の蜃気楼で、古代からずっと謎とされていた現

海に見える謎の火として古代から呼ばれてきた「不知火」を採用した熊本県宇土郡不知火町（現宇城市）。1:50,000「八代」平成２年（1990）修正

象である。それゆえに八代海は不知火海とも呼ばれてきた。明治二二年（一八八九）の町村制では海辺の五村合併の際に新村名に採用されて宇土《うと》郡不知火村となり、その後も存続した（昭和三一年に不知火町）。謎めいた名前は不思議と魅力的なもので、焼酎やデコポンなどの商標にもなっている。

少々毛色の変わったのが高知県の黒潮町で、平成一八年（二〇〇六）に佐賀町と大方《おおがた》町が合併して誕生した。またの名を日本海流という黒潮は日本の太平洋岸を北上する暖流で、黒っぽく見えるためにそう呼ばれた。江戸時代には「黒瀬川」とも呼ばれ、当時の地図には海の中に轟々と流れる何本もの線がそれらしく描かれている。その黒潮を北上してくるカツオを一本釣りするイメージが好まれたのかもしれない。

同じ高知県の東洋町はスケールが大きく見えるが、いわゆる東洋・西洋とは関係なく「東に太平洋を望む」ことにちなむ。こちらは甲浦《かんのうら》町と野根町の合併でなかなか新町名が決まらず、県が中に入って決めた町名という。これは海の話ではないが、東京都西多摩郡の日の出町も、大久野《おおぐの》・平井の両村合併で新村名を決めかねた末、西のはずれの眺望の良い「日の出山」にちなんで決着した。もめた時にはスケールを大きくすると話がまとまりやすいのかもしれない。岡山県の瀬戸内市も、名称でもめたかどうかは知らないが、瀬戸内海に面した市町村が多数ある中で、ずいぶんと大胆に決断したものである。もちろん市町村名は「早い者勝ち」だ。

湖にちなむ自治体名

平成二五年（二〇一三）六月、富士山がユネスコの世界文化遺産に登録された。長年の念願がかなった北麓の地元・富士河口湖町は平成一五年（二〇〇三）に河口湖町・勝山村・足和田村が合併して誕生した（同一八年に上九一色《かみくいしき》村の南部を編入）。湖と富士山をつなぐ欲張った町名であるが、前身のひとつである河口湖町ができたのは「昭和の大合併」の時期にあたる昭和三一年（一九五六）である。船津村・小立《こだち》村・河口村・大石村の四村による合併で、ここで湖の名が採用されたのは、この年の経済白書（旧経済企画庁）が「もはや戦後ではない」と記述したことに象徴されるように、「観光の時代」の到来という背景が影響しているに違いない。

同じ年には秋田県に田沢湖町も誕生している。こちらは生保内《おぼない》町・田沢村・神代《じんだい》村の合併によるものだ。平成一七年（二〇〇五）には合併で仙北市の一部となったが、同市役所は旧田沢湖町の生保内にある。現在のＪＲ田沢湖線（秋田新幹線）の田沢湖駅も、生保内駅から昭和四一年（一九六六）一〇月一日に改称された。同月二〇日には盛岡方面への新線も開通、線名も生保内線から田沢湖線に改められている。

もうひとつ、同じ県内では田沢湖町と同じ昭和三一年（一九五六）に一日市《ひといち》町と面潟《おもがた》村が合併して八郎潟《はちろうがた》町が誕生した。当時の八郎潟は約二二三平方キロと琵琶湖に次ぐ日本第二位の大湖であったが、命名の翌三二年から国営干拓工事が始まり、湖面の大半は干拓で田んぼに変貌した。ちなみに合併前の面潟村という村名も、明治二二年（一八八九）の町村制時に七村が合併した際、八郎潟に面していることにちなんで命名されたものである。やはり昭和三一年（一九五六）には滋賀県の琵琶湖畔にびわ村が誕生した（竹生・大郷の二村合併。同四六年（一九七一）からびわ町）。当用漢字に琵琶の字がなかったことも仮名書きの原因らしい。平成一八年（二〇〇六）には合併で長浜市の一部となったので、「びわ」の表記は学校や図書館などに残る程度である。

湖を名乗る自治体の「当たり年」だった昭和三一年（一九五六）の前年には、神奈川県に相模湖町が誕生した。昭和二二年（一九四七）に完成した相模ダムによる人造湖で、与瀬《よせ》町・小《お》原《ばら》町・千木良《ちぎら》村・内郷村の四町村による合併である。与瀬と小原はいずれも甲州道中（街道）の隣り合う宿場町で、直線距離なら一キロしか離れていないが、与瀬宿は東行き、小原宿は西行き専用として宿場の仕事を分担していたためだ。小規模な集落の多い甲州道中にはこのように複数の町で分担する「合宿」が目立つ。

中央本線に駅が置かれたのは与瀬の方で、明治三四年（一九〇一）に与瀬停車場が置かれているが、この駅名も相模湖町誕生の翌年にあたる昭和三一年（一九五六）に相模湖と改称された。平成一八年（二〇〇六）に相模原市の一部となった際には「相模原市相模湖町与瀬」と表示されたのも束の間、同二二年（二〇一〇）に政令指定都市の行政区ができてから「相模湖町」は消え、現在では相模原市緑区与瀬になっている。小原も緑区小原だ。

相模湖町が湖を名乗った最初の自治体であるかどうか調べてみたら、前述の富士河口湖町のエリアに含まれる西湖に昭和一七年（一九四二）まで西湖《さいこ》村があった。遡ってみると鎌倉時代まで遡る古い地名、西海郷《にしのうみ》にたどり着く。江戸時代には西湖村と表記が変わっていくが、「にしのうみ」の読みは明治町村制まで変わっていない。かつて「うみ」の読みは一般的で、箱根の芦ノ湖なども昔は「あしのうみ」であった。

西湖村は明治二二年（一八八九）の町村制では東隣の長浜村と合併したが、引き続き西湖村を名乗り、この時点で読みが「さいこ」になっている。わずか三年で長浜村と別れて両者は「組合村」となり、昭和一七年（一九四二）に再び両者は合併した。その時に対等合併が意識されたのか、西湖と長浜の両村名が合成されて「西浜村」となる。これにより湖を名乗る自治体は日本中から一旦消滅していた。

戦後に河口湖町が誕生してからは、少しずつ湖関連の町村は増えていく。富士五湖の関連でも山中湖に面した中野村が昭和四〇年（一九六五）に山中湖村と改称した。もともと中野村は山中・平野の両村が明治八年（一八七五）に合併した際の合成地名で、ついでに北隣の忍野八海で著名な忍野《おしの》村も忍草《しぼくさ》・内野の両村のやはり下の字を合成したものだ。明治期にいかに合成

富士河口湖町、山中湖村など、湖名を採用した自治体が目立つ富士山北麓。かつては日本最古の湖名村「西湖村」もあった。1:200,000「甲府」平成 23 年（2011）要部修正

地名が多く「製造」されたかがうかがえる。

昭和五〇年（一九七五）には青森県十和田町が町制二〇周年を記念して「十和田湖町」に変更した（平成一七年からは十和田市の一部）。それ以降は「湖自治体」の出現は落ち着いているが、平成九年（一九九七）には茨城県出島村が町制施行を機に霞ヶ浦町と改称された。霞ヶ浦は北西側の形が二股になっているが、旧村名の出島はそれに挟まれた半島状に突き出した区域の通称で、明治の町村制で六村合併の際に村名となった。その霞ヶ浦町は平成一八年（二〇〇六）に隣の千代田町と合併、かすみがうら市となっている。霞ヶ浦市と漢字表記にならなかったのは、千代田町が霞ヶ浦町に「併合」された印象を持たれないための配慮と思われる。

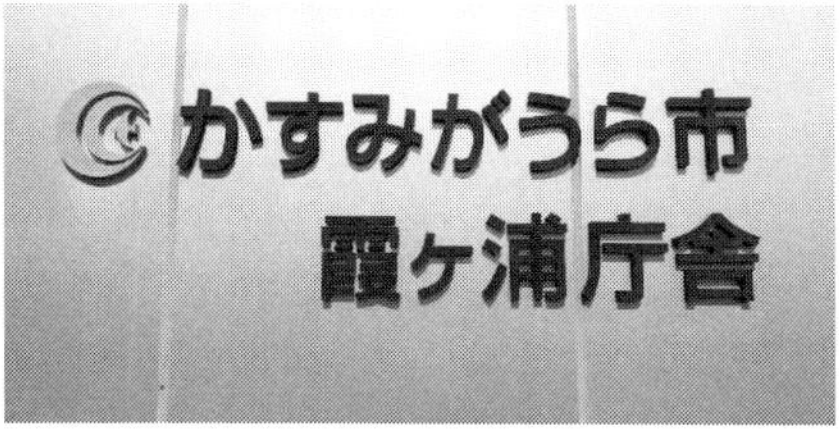

平成の大合併で流行のひらがな市名にした「かすみがうら市」。旧町名を冠した庁舎名の表記。令和２年（2020）10月21日加除出版撮影

北海道でも虻田《あぶた》町と洞爺《とうや》村が合併して平成一八年（二〇〇六）に洞爺湖町が誕生した。旧虻田町はJR室蘭本線の洞爺駅（旧称・虻田駅）の他に洞爺湖温泉が町域で、洞爺村は湖の北岸に位置する洞爺町を中心とする村であった。虻田は郡名として現存するが、駅名が虻田から洞爺に変わったのは昭和三七年（一九六二）ですでに半世紀以上も前で、大観光地である洞爺湖を採用するのに抵抗はなかったかもしれない。

自治体を温泉の名に変える

兵庫県の小浜《こはま》村の外れに小さな鉱泉が湧いていた。リウマチや皮膚病に効くという古い存在だが、広くは知られていなかったらしい。しかし明治末になって大阪・梅田に直通する箕面《みのお》有馬電気軌道（現阪急電鉄）の電車が走り始めて一変する。間もなく総大理石の立派な浴槽をもつ「新温泉」が建設され、大いに注目されて浴客が増加した。さらに少女歌劇が興行を開始、そのリゾートとしての人気を確立した。宝塚のことである。それでも有名な宝塚が自治体名となったのは意外に新しく、昭和二六年（一九五一）に小浜村が宝塚町と改称・町制施行した時のことであった（市制施行は同二九年）。

このように温泉の名に合わせて自治体の名を変更することは少なくない。たとえば和歌山県の白浜温泉。ここは明治に入って江戸期の瀬戸村と鉛山《かなやま》村が明治六年（一八七三）に合併して瀬戸鉛山村と称したところである。鉛山は実際に鉛が採れたことに由来する地名で、昭和戦前期まで亜鉛や硫化銅の採掘が実際に行われていた。

しかしこの村で稼ぎを産んでいたのは白浜町の由来ともなった白良浜《しららはま》の白い砂である。硅石、

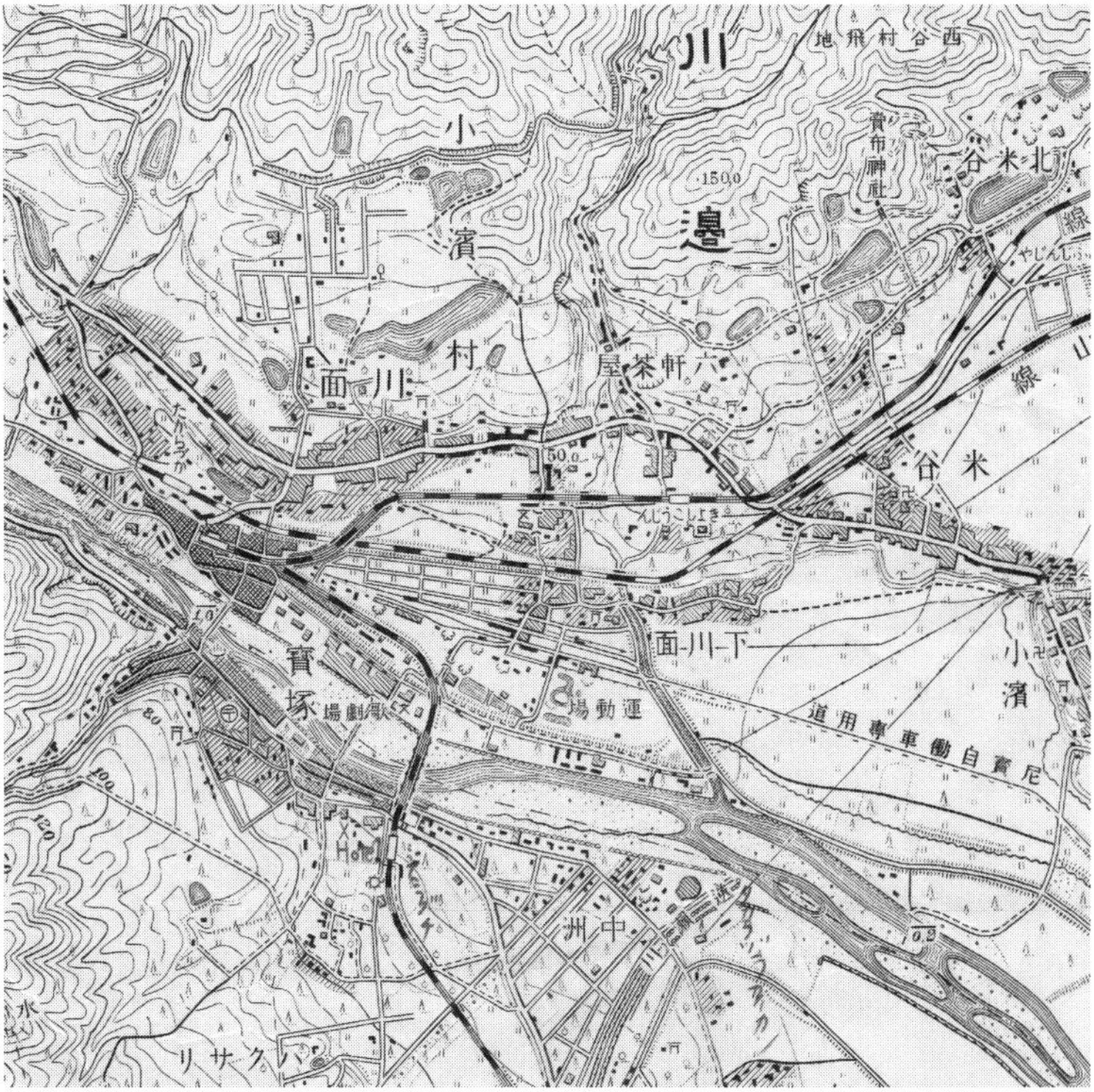

戦後の昭和 26 年（1951）に宝塚町となるまで続いた「小浜村」は古い湯治場だったが、大阪の梅田からここまで阪急電鉄の前身・箕面有馬電気軌道が開通してから一変した。1:25,000「宝塚」昭和 7 年（1932）要部修正

石英を多く含むことからガラスの原料として注目され、村では明治二七年（一八九四）からこれに「白砂税」を課し、村の貴重な財源となった。やがて大戦景気に沸いていた大正八年（一九一九）からこの白良浜に面したあたりで温泉の採掘が始まって翌九年に成功、以来温泉地として知られるようになる。昭和八年（一九三三）には和歌山から南下、延伸を重ねていた紀勢《きせい》西《さい》線（現ＪＲ紀勢本線）が紀伊田辺駅から白浜口（現白浜）駅を通って次の紀伊富田《とんだ》駅まで開通するや、京阪神地区の「奥座敷」として人気を博すようになった。大阪の難波（南海鉄道＝現南海電気鉄道）や天王寺（阪和電気鉄道＝現ＪＲ阪和線）からは当時まだ珍しかった私鉄・国鉄を直通する「黒潮号」が運転され、さらに急発展していく。昭和一五年（一九四〇）の町制施行時に白浜町としたのは、その温泉地としての知名度の大きさが強く影響したと思われる。

兵庫県の城崎《きのさき》温泉も同様で、ここもかつては湯島村と称した。温泉は舒明《じょめい》天皇の頃という七世紀から知られるもので、江戸期を通じて三〇〇軒ほどの町場を成していたという。城崎の名は古代からの郡名である。湯島村が町制施行を機に城崎町と改称したのは明治二八年（一八九五）と早い。山陰本線がここに通じたのは同四二年、志賀直哉が『城の崎にて』を発表するのは大正六年（一九一七）のことである。

同じ兵庫県で古代から名湯として知られる有馬温泉も城崎と同様に郡名を冠した温泉で、有馬郡湯山《ゆやま》町が明治二九年（一八九六）に温泉名に合わせて有馬町と改称した。こちらは昭和二二年（一九四七）に神戸市に編入、当初は兵庫区であったが分区で現在は北区に所属している。

長野県では下高井郡豊郷《とよさと》村が昭和二八年（一九五三）に野沢温泉村と改称された。改称の直前に出た豊郷村の『公民館報とよさと』（昭和二七年九月号）には「時勢が産んだ村名変更問題」と題しておおむね次のような内容が掲載されている。

「豊郷村とはどこですか」ときかれることが多いが「野沢温泉です」といえば話が通じる。郡下の駅伝競走で（村の青年が）ゴールに駈け込んできた時、観衆の中に選手の（ゼッケンを見て）「豊郷ってどこだい」と尋ねる者があり、見ていた村人が寂しい思いをしたという。村名が野沢村とか野沢温泉村だったら、どんなに便利だろうと考えている人は村内に多いだろう。

参考までに何も付かない温泉村という自治体は神奈川県（現箱根町）、兵庫県（現新温泉町）、宮城県（現鳴子町）、島根県（現雲南市）など全国に四か所あったが今はなく、〇〇温泉村は現在に至るまで野沢温泉村が唯一の存在だ（町では兵庫県新温泉町が唯一）。昭和二八年（一九五三）八月一八日の改称を扱った同年八月号の館報では「待望の野沢温泉村」と題した次のような記事がある。

【町村制施行以来】戸数人口の増加とともに各商店、会社、旅館が増加し、宣伝広告に野沢温泉を使用するものが多く、また通信上必要な郵便局名も明治三四年（一九〇一）三月一日以来「野沢温泉郵便局」と称し、電話呼び出しも野沢温泉を用いるなど、豊郷村というより野沢温泉と言った方が世間によく通じる現在なれば、村名も天然資源の温泉に結びつけて「野沢温泉村」と呼称することは、将来の発展を期す上からも有意義なれば、この際村名を改称しては如何、と数年前より村民の話題になっていた（後略）。

もともと豊郷村は明治八年（一八七五）に四か村合併で誕生した典型的な「瑞祥地名」であり、村民もこの地名になかなか馴染めなかったのではないだろうか。そんな状況では人口規模も知名度も圧倒的となった野沢温泉を看板にすることは自然な流れだろう。

静岡県の伊豆でも明治の町村制時に八村合併で誕生した「川西村」は、狩野川の西を意味するだけの命名であったが、昭和九年（一九三四）に伊豆長岡町と改称している。合併でとりあえず「仮設」的に命名した自治体名は、どうしても短命に終わるようだ。

ご当地名産を市町村の名に

能登空港から南東へ一〇キロほど、能登町鵜川へ向かう道沿いに柿生《かきお》という地名がある。現在は同町の大字であるが、明治八年（一八七五）に谷屋《たにや》、吉谷《よしたに》、神道《じんどう》の三村合併で誕生した比較的新しい地名だ。『石川県鳳至《ふげし》郡誌』（石川県鳳至郡、一九二三）によれば、江戸期から柿の名産地として知られたことによる。意外なネーミングと思われるかもしれないが、「ご当地名産」を村名にした例は明治に入ってからは珍しくない。

明治二二年（一八八九）には現在の川崎市麻生《あさお》区に都筑《つづき》郡柿生《かきお》村が誕生した。こちらは上麻《かみあさ》生《お》、下麻生、王禅寺ほか一〇村による合併だが、やはりご当地名産の甘柿「禅寺《ぜんじ》丸柿」にちなんで命名された。もともと地名ではなかったので、昭和一四年（一九三九）に川崎市に編入された際に柿生という名は消滅した。それでも村が存在したちょうど五〇年間に柿生小学校や柿生郵便局、小田急線柿生駅など旧村を名乗る施設が多く誕生したため、今では正式な行政区画として存在しないにもかかわらず、一帯の通称地名としては今も生き残っている。ちなみに能登町の柿生は明治八年という町村制以前に合併が行われたため柿生村がそのまま大字柿生に転じたことから、今も現役で使われることとなった。

神奈川県柿生村の東隣にあったのが橘樹《たちばな》郡の稲田村で、柿生村と同日に五村合併で誕生したが、こちらは田んぼが広がっている稲作地帯にちなむ。今ではJR南武線の稲田堤という駅名に残っているが、小田急電鉄の向ヶ丘遊園駅はかつて稲田《いなだ》登戸《のぼりと》と称した。

徳島県を流れる吉野川が河口まであと約七キロに迫ったところに藍住《あいずみ》町がある。徳島市の北西に位置する人口約三・五万の近郊の町で、「藍」の字はかつて阿波国の特産であった藍に由来することを物語っているが、藍住は合成地名で、昭和三〇年（一九五五）に藍園村と住吉村が合併した際の合成地名だ。このうち藍園村の方は徳島県の藍生産の中心地にちなんで明治二二年（一八八九）に名付けられている。

ところが早くも明治三〇年代にはインド製の藍や人工染料が急伸したために衰退し、その後は転換作物として桑の栽培が奨励されたものの、生糸でも立ちゆかなくなり、結局は水田化して落ち着いているので、慌てて村の名を「桑園村」などと変更しなかったのは賢明だった。藍の産地であることは、時に大氾濫を起こす吉野川がもたらす豊富な養分がその生育に欠かせなかったため水害とセットである。地図を見れば藍住町域は吉野川と旧吉野川に囲まれた典型的なデルタ（三角洲）地形だ。

桑といえば、日本の戦前の重要な輸出産品である生糸の生産を担ったのが、蚕を飼う養蚕農家であった。その周囲には桑畑が広がっており、明治以降の合併にあたって「桑」を用いた新

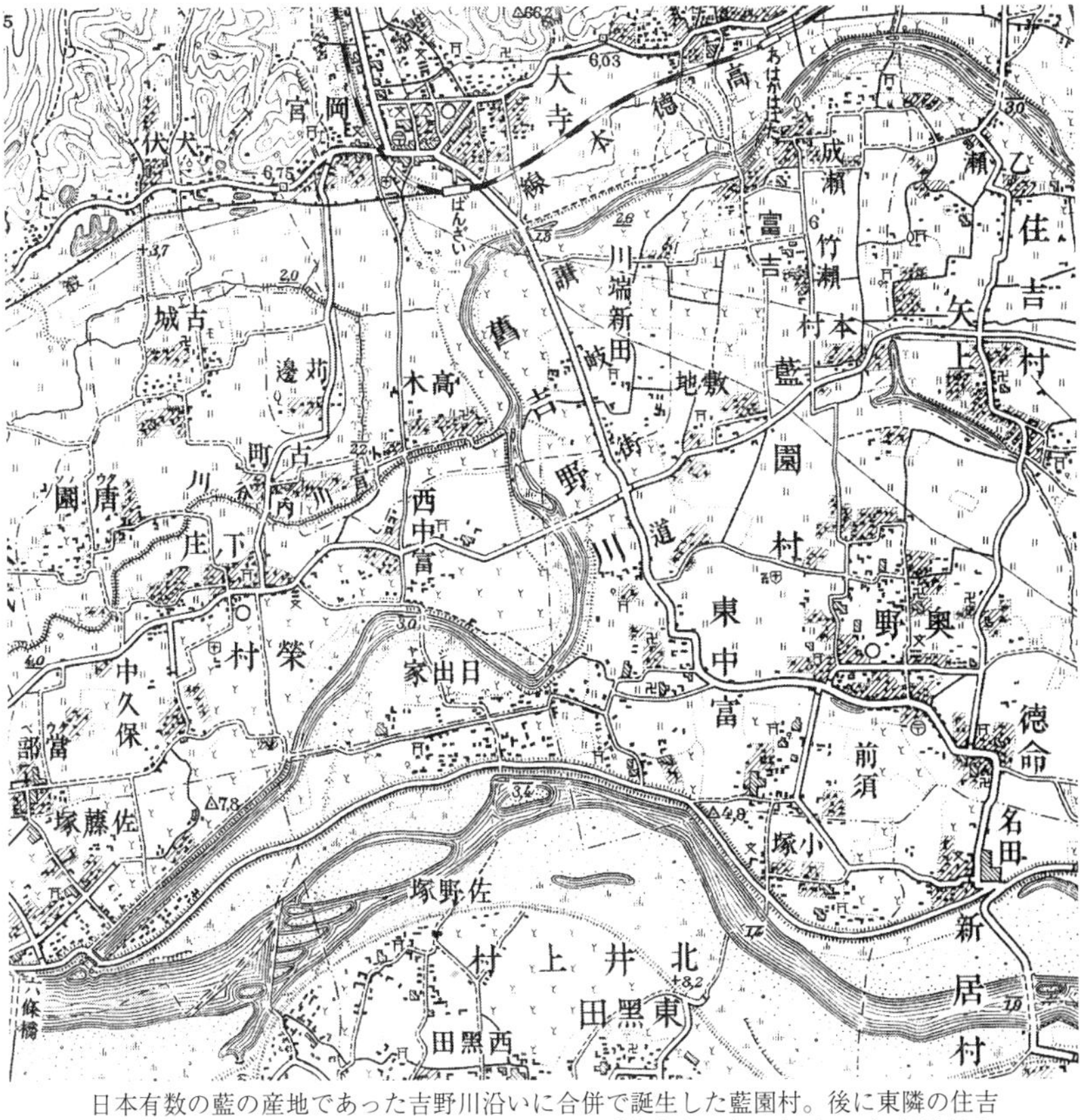

日本有数の藍の産地であった吉野川沿いに合併で誕生した藍園村。後に東隣の住吉村と合併して現在の藍住町となった。1:50,000「徳島」昭和９年（1934）鉄道補入

村名を付ける例はいくつか見られる。たとえば東京都日野市の一部であった旧桑田村（新選組の土方歳三が生まれた石田村も含む）は、「桑都」で知られた八王子に隣接して桑畑が多く、養蚕業での発展を祈念して付けられたというし、愛知県豊川市の一部となった桑富《くわとみ》村も、その名の通り「桑で豊かになる」ことを念じたものである。

群馬県吾妻《あがつま》郡の応桑《おうくわ》村（現長野原町）は、『応桑村地誌』によれば、明治八年（一八七五）に狩宿《かりやど》村と小宿《こやど》村が合併した際、当時戸長であった栃原秀次郎が「養蚕の大当たりを念じて」命名したという。明治一五年（一八八二）には吾妻製糸社応桑組が繭を一七五三貫生産したが、いかんせん高冷地なので養蚕には向かず、間もなく衰微してしまったという。こちらはその後、一部が北軽井沢となって避暑地としての道を選択するが、農業ではレタスや白菜、キャベツなどの「高原野菜」にシフトしていく。現代の感覚なら「吾妻郡レタス村」となるだろうか。

戦後生まれの名産地名もある。山口県の周防《すおう》大島に平成一六年（二〇〇四）まで存在した橘《たちばな》町（現周防大島町）は、昭和三〇年（一九五五）安下庄《あげのしょう》町と日良居《ひらいそん》村が合併した際、当地の主要産業である柑橘栽培にちなんで命名されたものだ。

名産関連の町村は合併で消えたものも多いが、長野県最南端に位置する下伊那郡売木《うるぎ》村は令和の今も合併せず現役である。村の名は江戸時代からのもので、文字通り木を売って生計を立てていたのが地名の由来というが、江戸期からそう名乗っているので、本当に名産地名であるかは疑問もあり、『角川日本地名大辞典』には「地名の由来は山林資源によると思われるが不詳」とあった。それでも江戸初期にはその名の通り榑木《くれき》（材木）をもって年貢とする「榑木成《くれきなり》村《むら》」（普通名詞だろう）であったというから、信頼できるかもしれない。同村のホームページでも「村面積の八八パーセントを森林が占め（中略）江戸時代にはろくろで椀や盆などをつくる木地師《きじし》が活躍。村人たちは米の代わりに「くれ木」を年貢として納め、昭和初期までは炭焼きなども盛んでした。まさにうるおう木の村—それが売木村なのです」としている。

伊豆市・伊豆の国市・西伊豆町……競合する自治体名

「いでゆ」が訛ったという説もあるほど、到るところに温泉が湧く伊豆半島。気候温暖で別荘地としても人気があり、海水浴や釣りにも最適。相模灘や駿河湾をはるかに俯瞰する登山もいい。東京にもほど近いことから、昔から第一級の観光地であり続けてきた伊豆には、伊豆を名乗る自治体が目立つ。

そもそも伊豆は駿河国や遠江《とおとうみ》国とともに静岡県を形成する国名であるから広域で、ある特定の場所が「伊豆」と呼ばれていたことはないようだ。国名以外で初めて伊豆に関する地名がついたのは、おそらく伊東であろう。伊豆半島の東岸に面した、やはり温泉地として有名な現在の伊東市は鎌倉時代の「伊東郷」で、文字通り伊豆国の東に位置することにちなむ。中世には郡を東西や南北に分けることも多く行われ、たとえば多摩郡は多摩川を境に左岸側が多東《たとう》郡、右岸側が多西《たさい》郡と分けられたこともある（江戸初期に多摩郡に戻った）。

伊豆国エリアの現在の自治体を挙げてみると、熱海市・函南《かんなみ》町・三島市・沼津市（南部のみ。旧市街は駿河国）・伊東市・伊豆の国市・伊豆市・東伊豆町・河津《かわづ》町・下田市・西伊豆町・松崎町・南伊豆町の一三市町に及ぶが、そのうち「伊豆」または「伊」の字が付くのは伊東を含めて六つもある。

平成の大合併で話題になったのは、伊豆市（修善寺町・土肥《とい》町・天城《あまぎ》湯ヶ島町・中伊豆町）と伊豆の国市（伊豆長岡町・韮山《にらやま》町・大仁《おおひと》町）である。合併時期は伊豆市が平成一六年（二〇〇四）と先行し、伊豆の国市は翌一七年であった。特に後者のネーミングは、何としても伊豆の名が欲しかったという熱意が伝わってくるものだ。

多くの自治体が欲しがる人気地名は全国にあるが、大分県の耶馬渓《やばけい》もそのひとつだろう。山《やま》国《くに》川の渓谷を江戸期に頼山陽が「耶馬渓」と命名して峡谷美に注目が集まり、明治に入ってからは耶馬渓を名乗る村名がいくつも誕生した。もともと明治二二年（一八八九）の町村制施行時に耶馬渓を名乗る自治体はひとつもなかったのだが、まず大正一四年（一九二五）に城井《きい》村が耶馬渓村と改称、翌一五年には東城井村が東耶馬渓村と改めている。その二年後の昭和三年（一九二八）にはやはり柿山村が深《しん》耶馬

静岡県の伊豆半島の多くが「伊豆」のある自治体名となった。平成の大合併で誕生した「伊豆の国市」の標識。平成29年（2017）11月13日撮影

渓村に改称した。

いずれも合併を経ずに単独でわざわざ改称しているところに、観光振興への強い思いを感じさせるが、ネーミングだけでなく、大正初めには耶馬渓鉄道（中津～守実《もりざね》温泉と改称）と宇島《うのしま》鉄道（宇島～耶馬渓）がいずれも耶馬渓を目指して開通した。青の洞門あたりまでは山国川の両側に鉄道が存在したほどである。耶馬渓鉄道の駅名も樋田《ひだ》↓洞門、城井↓耶馬渓平田、柿坂↓深耶馬《しんやば》（後に耶鉄柿坂と再改称）と大正一四年（一九二五）九月一日に一斉改称しているのも、そのあたりの空気を反映しているようだ。戦前段階の村名は耶馬渓・東耶馬溪・深耶馬渓の三つでひとまずは落ち着いている。

戦後はようやく混乱が落ち着いてきた昭和二六年（一九五一）四月一日に、在来三村とは別の三村合併で中耶馬渓村が新たに発足した。生活にも少しは余裕ができて「観光気分」も復活してきたのだろう。同じ日には東耶馬渓村が隣の上津《こうづ》村と合併して本《ほん》耶馬渓村を立ち上げている。これにより東が消えて中が登場、耶馬渓・中耶馬渓・本耶馬渓・深耶馬渓の四村体制となり、賑やかになった。

昭和二八年九月一日といえば、昭和の大合併にかかわる「町村合併促進法」が公布された日であるが、この日に耶馬渓村は中耶馬渓村に編入され、耶馬渓村という村名は一旦消滅する。しかし「ただの耶馬渓」の方が通りが良いと思い直したのか、わずか一か月後の一〇月一日に中耶馬渓村を「耶馬渓村」と再改称。その経緯の中でどんな事情があったのか知らないが、翌

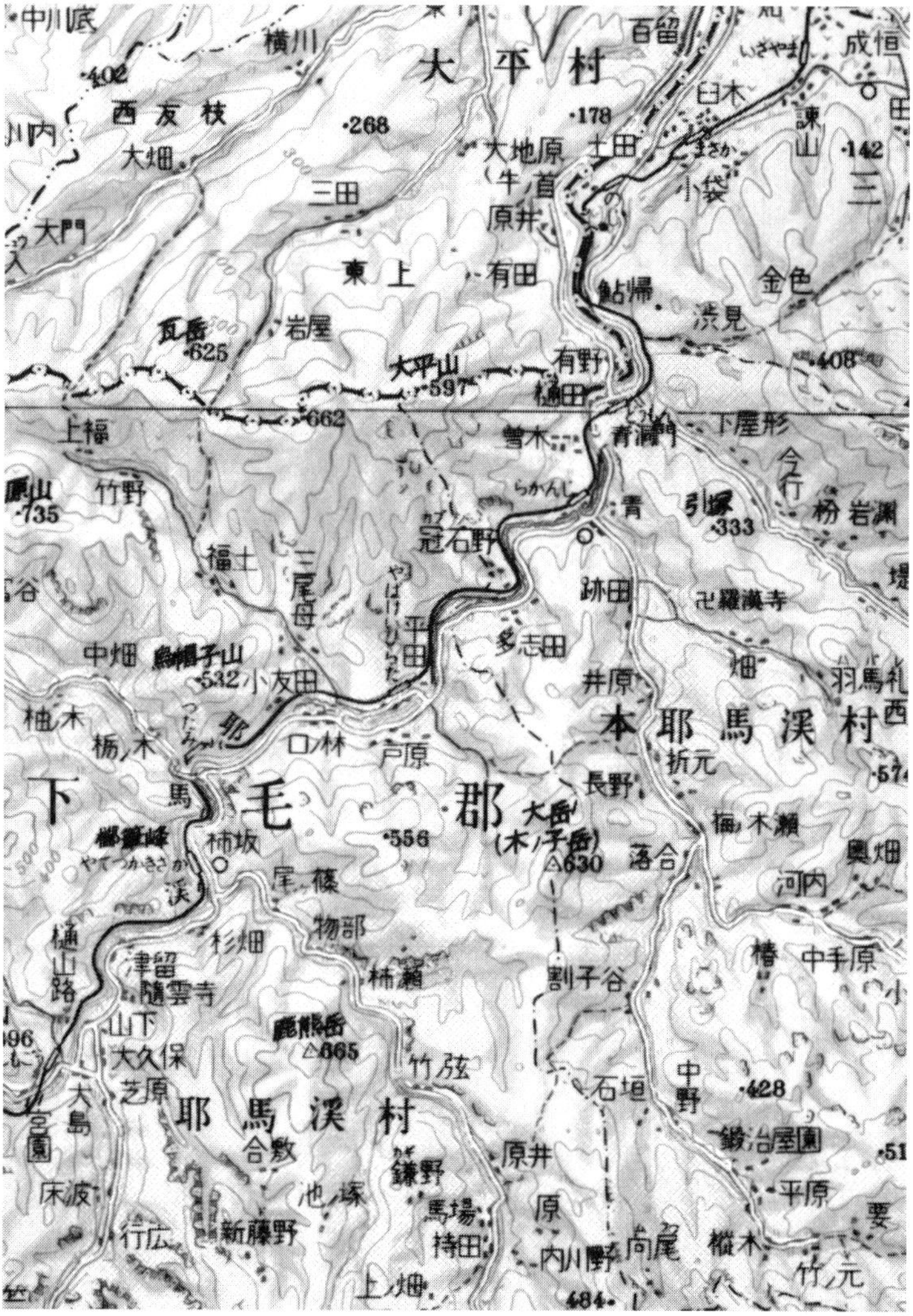

山国川の渓谷・耶馬渓。観光地としての知名度が上昇するに伴って増えたのが耶馬渓のつく町村。現在はこれらすべてが中津市内である。1:200,000「中津」昭和 34 年（1959）修正

二九年一月一日には耶馬渓村の一部が本耶馬渓村に編入されている。この時点で耶馬渓・本耶馬渓・深耶馬渓の三つとなった。

昭和二九年（一九五四）からは大分県でも「昭和の大合併」が本格的に始まる。同年三月には深耶馬渓村が耶馬渓村に編入、これで耶馬渓・本耶馬渓の二つに統合されたが、本耶馬渓村は昭和三四年（一九五九）、耶馬渓村は同四〇年にそれぞれ町制施行して二町体制がその先延々と続くのだが、この間に昭和四六年（一九七一）には耶馬渓鉄道の後身である大分交通耶馬渓線（渓谷部分）が姿を消した。

そして耶馬渓・本耶馬渓の二町体制の誕生から半世紀を過ぎた平成一七年（二〇〇五）、両町は他の二町村とともに中津市に編入されて消滅する。全国的に見ても合併が劇的に進んだ大分県のこと、現在の中津市の面積は約四九一平方キロとなかなか広大だ。当地ゆかりの福沢諭吉翁にしてみれば、守実《もりざね》温泉の奥までが中津市内になるなど想像を絶することに違いない。天上の頼山陽も、自ら命名した耶馬渓がこれだけの「ブランド地名」になったことを、どんな思いで見つめているだろうか。ちなみに「耶馬渓」のブランドは中津市になっても消えず、中津市耶馬渓町大字柿坂、中津市本耶馬渓町曽木《そぎ》などのように今も大字に冠されて息づいている。

いろいろ事情がありまして

「二階級特進」で市になった村

兵庫県武庫郡精道《せいどう》村。前にも取り上げたが、阪神間に実在した村である。村にもかかわらず昭和一四年（一九三九）には約四万の人口を擁していた。それが翌一五年には町を飛び越していきなり単独で市制施行する。現在の芦屋市である。精道村は明治二二年（一八八九）に芦屋・三条・津知《つじ》・打出《うちで》の四村が合併した際、芦屋にあった精道小学校（現存）の名をとって新行政村の名前とした。明治期には「徳目《とくもく》」を校名にする例は目立つが、やはり漢学の素養ある人が要所要所で重きをなしていた証拠であろう。全国各地で命名に苦労した行政村名も、特定の地名ではなく徳目を掲げた小学校名だからこそ、旧四村に問題なく受け入れられたのかもしれない。精道村には当初国鉄の駅も設けられない田舎であったが、大正に入ってから別荘地として脚光を浴び、またサラリーマン階層の急増とともに環境の良い住宅地として人口が急増した。市制施行時に芦屋の名になったのは、もともと旧芦屋村の規模が大きかったことに加え、国鉄（大正二年設置）や阪神電鉄（明治三八年設置）の芦屋駅の存在で知名度が高かったからではないだろうか。

芦屋市のように「町」を飛び越えて市になった自治体はさすがに珍しい。他には長崎県佐世保市、山口県宇部市、長野県岡谷市などが知られている。これらの市のうち最も古い事例が佐世保市だ。長崎県東彼杵《そのぎ》郡佐世保村は明治二二年（一八八九）四月一日に単独で村制施行するが、もともと村の規模は大きく、江戸期には一一の免に分かれていた。免とは旧平戸藩領における村の呼び名で、全国的に見れば通常の「藩政村」レベルの規模、つまりその後の大字である。

明治三五年（一九〇二）四月一日には市制施行することになるが、その直前の三月一八日に横尾免・山中免・熊ヶ倉免・折橋免（字山ノ田）が分立して佐世村《させそん》となっているから、もともと村が分立しても残りエリアだけで二階級特進できるほどの人口規模があったという。人口が急増し始めるのは明治二二年（一八八九）に海軍の鎮守府が置かれてからで、特に日清戦争後は毎年五〇〇〇人を超える急増を示した。佐世保海軍工廠や要塞砲兵聯隊もその間に設置され、人口増加の勢いは加速される。人口の推移を見れば、明治二四年（一八九一）に八九三二人であったのが同三一年（一八九八）に三万四五四〇人、同三四年には四万八〇一〇人となり、市制施行はその翌年だ。

大正一〇年（一九二一）一一月一日に二階級特進を果たしたのは、山口県厚狭《あさ》郡宇部村である。宇部炭田の石炭は、江戸時代から塩田の塩を煮詰めるための燃料として用いられてきたが、近代に入ると工業用や蒸気機関車や船舶の燃料としての需要が急伸し、それに伴って人口も急

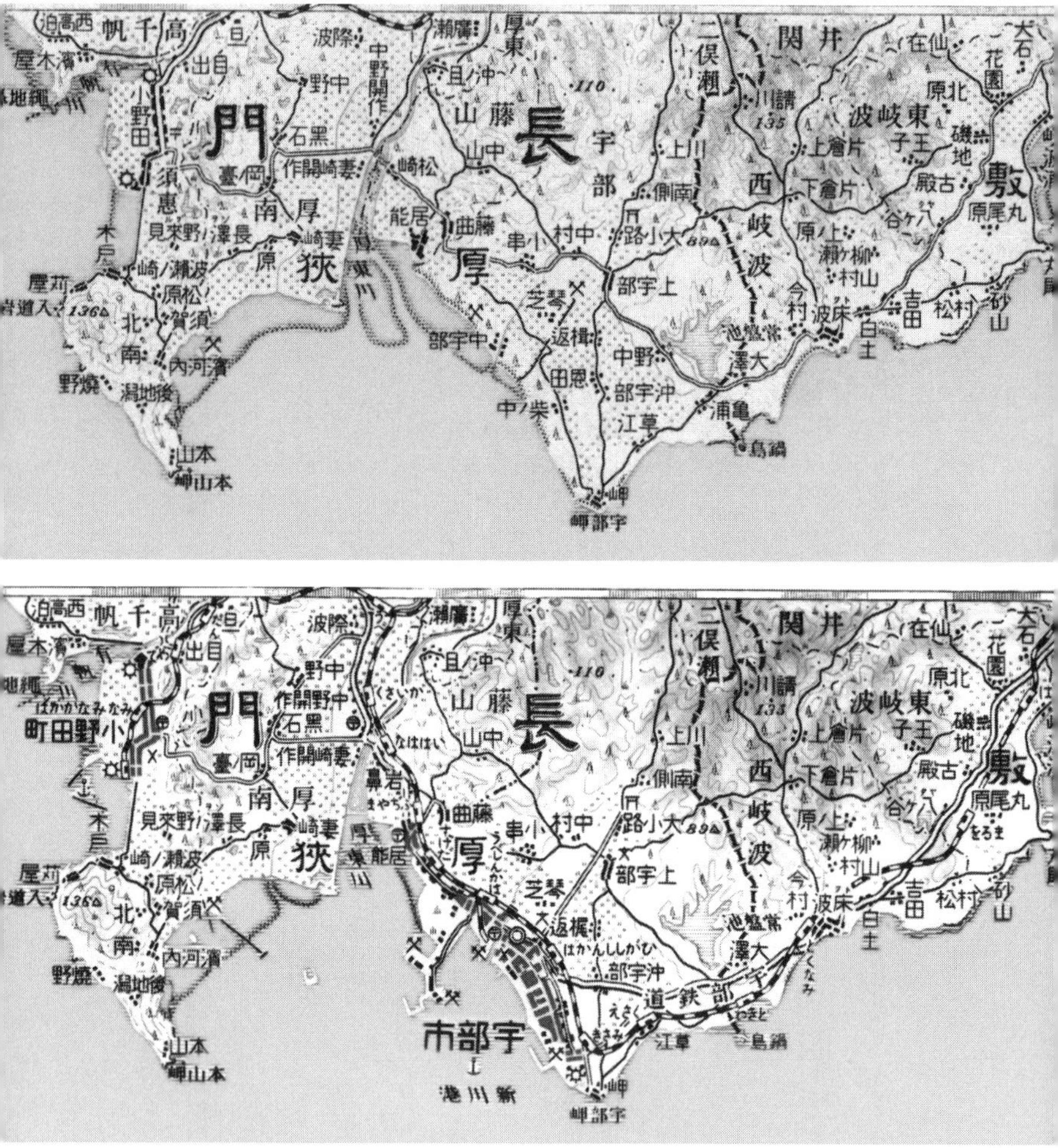

珍しく「二階級特進」した山口県宇部市。上図は宇部村の時代、下は急激な工業都市化に伴う人口急増で大正 10 年（1921）に市制施行した宇部市。上図＝ 1：200,000「中津」大正 9 年（1920）鉄道補入、下図＝同昭和 3 年（1928）鉄道補入

増する。明治二二年（一八八九）の町村制施行時に六五八七人であったのが、「村」時代の末期にあたる大正九年（一九二〇）の国勢調査によれば六万六〇四八人。三〇年間でほぼ一〇倍という驚異的な人口増加を示した。

昭和に入ってからの事例は長野県岡谷市。諏訪郡平野《ひらの》村が明治二二年（一八八九）に単独で村制施行したものだ。長野県は地租改正時期にあたる明治七年（一八七四）にすでに「大合併」を済ませているため、多くの地域で再度の合併は必要としなかった。平野村も岡谷村を含む七村合併である。

その広い村の全筆を通し番号で地番を付けたため、県内には万単位の地番も珍しくない。このため現在でも「下諏訪町四六一三―八」「原村六五四九―一」（いずれも各町村役場の所在地）など、自治体名のすぐ後にしばしば地番がくる。諏訪湖に面した平野村では製糸業が発達し、片倉組をはじめとする大製糸工場の従業員が急増して商業も発展した。大正九年（一九二〇）には村のまま四万四二七八人を数えている。その後昭和大恐慌の影響で人口は激減するが、昭和一一年（一九三六）には市制施行するとともに名称変更も行い、岡谷市となった。岡谷の地名は平野村として合併したうちの一村の名前で、中央本線の駅名（明治三八年開業）は最初から岡谷駅である。

この他には、米国占領下の沖縄で真和志《まわし》市（那覇市）・コザ市（沖縄市）・宜野湾市・具志川市（うるま市）・浦添市が誕生した（カッコ内は現在の市名）。占領下の自治体は「内地」と違うため同列には論じられないが、復帰後は平成一四年（二〇〇二）に同県の豊見城村《とみぐすくそん》が豊見城市になって久々の二階級特進を実現している。

その後は盛岡市の北西隣に位置する岩手県岩手郡滝沢村が五万人を超えても村のままで、平成二五年（二〇一三）には県内に一三ある市の中でも大船渡・久慈・遠野・陸前高田・釜石・二戸・八幡平の七市より人口が多かった。しばらく「日本最大の人口を擁する村」として続いていたが、平成二六年（二〇一四）一月一日にようやく市制施行、滝沢市となった。

これまで見てきたように、「二階級特進」は何らかの理由で人口が急増したところが多いが、その理由は戦前には軍や産業に関連する人口増であったが、戦後は「県都に接した住宅都市」へとその性格は変わってきている。ちなみに現在の村の人口ランキングでは沖縄県の読谷村《よみたんそん》が四万人に迫り（令和二年一〇月末現在の人口は四万一六一四人）、茨城県東海村（同年一一月一日現在の人口は三万七六八五人）がこれに続いている。

郵便はがき

料金受取人払郵便

豊島局承認

1749

差出有効期間
2023年11月
30日まで

170-8790

709

東京都豊島区
南長崎3−16−6

日本加除出版（株）
営業部行

ご購入ありがとうございました。お客様からのご意見はこれからの良書出版の参考とさせて頂きます。なお、当社HP（https://www.kajo.co.jp/）からもご返信いただけます。

お名前	フリガナ	性別	年齢
		男 女	歳
ご住所 （お届け先）	〒　　－　　電話　　（　　）		
ご職業			
通信欄	※ 図書案内　　要・不要		

ご 意 見 欄

◇書籍タイトル：

◇本書を何を通して知りましたか。

□DM　□当社販売員　□展示販売　□斡旋　□書店店頭
□インターネット書店　□知人の薦め　□当社ホームページ
□新聞・雑誌広告（　　　　　　　　　　　　　　　　　　）

◇本書に対するご意見・ご感想をお聞かせください。

◇今後刊行を望まれる書籍をお聞かせください。

※ご協力ありがとうございました。

書 籍 申 込 欄

購入を希望する書籍を下欄にご記入ください。表面にご記入いただいたご住所まで、代金引換で送付いたします。

書　　名	冊　数
	冊
	冊
	冊

280238

支払は（ 公費 ・ 私費 ）

※代引手数料及び送料は、お客様にてご負担くださいますよう、お願いいたします（ご注文が7,000円以上で送料をサービスいたします。）。

ご記入いただいた情報は、ご注文商品の発送、お支払確認等の連絡及び当社からの各種ご案内（刊行物のDM、アンケート調査等）以外の目的には利用いたしません。

ワケあって別れた自治体

相模原市は平成二二年（二〇一〇）四月一日、神奈川県では横浜市、川崎市に次ぐ三つ目の政令指定都市となった。ちなみに同一都道府県内に政令市が三つあるのは神奈川県だけである。そもそも相模原とは相模川の扇状地として形成された相模野台地（相模原台地）を指す自然地名であった。明治大正期の地形図を見ると、平坦な台地上に見渡す限り桑畑が広がっていたのがわかる。現在の市域の中では上溝《かみみぞ》町が一帯の中心商業地であったが、台地上には江戸期に開かれた清兵衛《せいべえ》新田（現中央区清新）などの小さな新田集落を除けば人家は稀であった。

東京にほど近く、しかも平坦で安定した地盤に注目したのが陸軍で、昭和一〇年代に入るとこの周辺を一大軍都とする計画が立ち上げられる。昭和一二年（一九三七）以降、この地域には相模兵器製造所、陸軍士官学校、臨時東京第三陸軍病院、陸軍兵器学校、陸軍電信第一聯隊、陸軍通信学校などが相次いで進出した。小田急電鉄相模大野駅の旧称は通信学校駅、同じく相武台前駅の旧称は士官学校前駅である。当時建設された広い街路は今も市内のインフラとして機能しているが、陸軍の施設は相模陸軍造兵廠（兵器工場）が在日米軍相模総合補給廠として

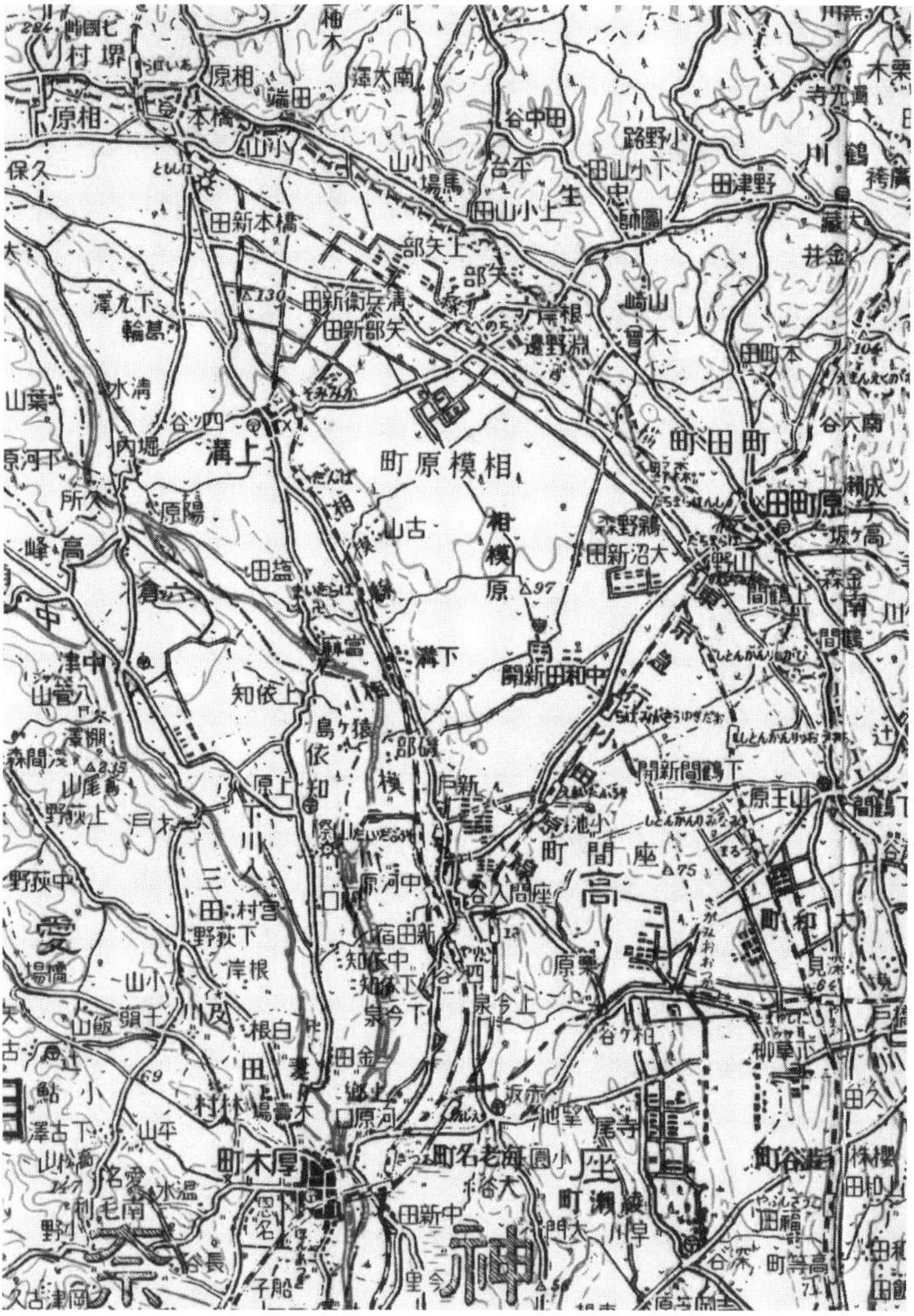

戦前の軍都計画によって合併が行われた相模原町は戦後、郊外住宅都市として急発展して政令指定都市となった。数ある政令市の中でも戦後に市制施行した事例はこの相模原市だけ。図は相模原町として合併した座間町が昭和 23 年（1948）に分離独立してほどない頃。1:200,000「東京」昭和 21 年（1946）修正同 26 年（1951）発行

使われている以外、現在では民間の施設や学校、研究所などに姿を変えている。

軍用地としての買収が始まって五年ほど経った昭和一六年（一九四一）、高座郡に所属する上溝町・座間町・相原村・新磯《あらいそ》村・大沢村・大野村・田名村・麻溝《あさみぞ》村の二町六村が国策に従って合併したのが相模原町の始まりだ。面積は一〇八・七一平方キロと当時としては広く、人口も四万五四八二人と「市レベル」の規模であった（昭和一五年国勢調査による）。しかし軍の半強制による合併で南端の座間地区は何かと不便を強いられたため、戦後すぐに分離独立運動が起こり、昭和二三年（一九四八）に再び座間町に戻った。その後は相模原も座間も独自に市制施行して現在に至っている。ついでながら、現在国内に二〇ある政令指定都市で、戦後に市制施行したのは相模原市だけだ。戦後いかに人口が急増したかがわかる。

海軍の鎮守府所在地、横須賀市でも同様の戦時合併が行われた。戦時中の昭和一八年（一九四三）に海軍の強い要望を受けて浦賀町・逗子町・北下浦《きたしたうら》村・長井町・武山《たけやま》村・大楠《おおぐす》町の六町村が横須賀市に編入された。軍港である横須賀港周辺だけでなく、弾薬庫のあった逗子町や海兵団の置かれた武山村など、軍施設を機動的に運用するためには自治体の壁を取り払う必要があったのだろう。しかし戦後の昭和二五年（一九五〇）には逗子町が独立している。「合併の条件」として約束されていた学校や漁港の整備が実行されない不満から住民投票が行われた結果である。

山口県徳山市でも昭和一九年（一九四四）に海軍の要望に基づく合併が行われた。櫛ヶ浜町・富田《とんだ》町・福川《ふくがわ》町ほか四村（大津島・夜市《やじ》・戸田《へた》・湯野）によるもので、こちらも富田町と福川町が戦後の昭和二四年（一九四九）に分離を果たしている。周囲を徳山市域に「完全包囲」された状況であったが、工業地域で経済的に自立できたためだろう。その後両町は同二八年に合併して南陽町となり、同四五年（一九七〇）に市制施行して新南陽市となった。新を付けたのは山形県に南陽市があったので重複を回避するためだ。その新南陽市も、平成一五年（二〇〇三）には半世紀前に別れた徳山市と久しぶりに一緒になり、周南市となって今に至る。

このように一旦「離縁」した自治体も、大合併期には「再婚」を果たす例がしばしばある。県都・山口市の南に隣接する小郡《おごおり》町も同様で、昭和一九から二四年（一九四四〜四九）の間は山口市内であったが、平成一七年（二〇〇五）には再び山口市内に戻っている。新幹線が停まる小郡駅は以前から「新山口」への改称の話があってもなかなか実現しなかったが、いざ両者の合併話が進むと話は早く、山口市に入る前の同一五年（二〇〇三）にはこれも実現した。

米軍の占領がからむ複雑な経緯をもつのが鹿児島県の十島村《としまむら》である。明治四一年（一九〇八）に本土から遅れること一九年後に「島嶼《とうしょ》町村制」が施行された際、薩摩半島と奄美大島の間に点在する硫黄島・黒島・竹島・口之島・中之島・臥蛇島《がじゃじま》・平島《たいらじま》・諏訪之瀬島・悪石島《あくせきじま》・宝島の一〇の島を合わせて十島《じっとう》村と名付けられた。

ところが敗戦後の昭和二一年（一九四六）に村域のうち北緯三〇度線以南の南西諸島を米軍が施政下に置くことを決めたため分断され、日本政府の管轄として残った北緯三〇度以北の上三島（硫黄島・黒島・竹島）が仮称・三島《みしま》村として分離することになった。昭和二七年（一九五二）には残り七島から成る下三島が復帰したが、こちらの名称は島が減っても七島村とはせず十島村のまま、ただし読みだけ「じっとう」から「としま」に変えられている。

合併で消えた市名

平成の大合併で市町村数は激減したが、結果的に見れば「市名」はそれほど多くは消えておらず、消滅した自治体名としては町村が圧倒的に多くを占めた。それでも有力な市どうしが「対等合併」を行ったことにより、歴史ある市名もあちこちで消えている。

まずは明治二一年(一八八八)に道府県の数が現在と同じ四七になって以来(東京府が東京都になったのは昭和一八年)、平成の大合併で初めて県庁所在地の名前が変わった。浦和市は、平成一三年(二〇〇一)に大宮市・与野市と併せた三市合併で「さいたま市」となり、唯一のひらがな表記の県庁所在地が誕生したが、その後は隣接する岩槻市も平成一七年(二〇〇五)に編入されて現在に至っている。

さいたま市の誕生で大宮市と与野市、後に岩槻市が消えたが、このように対等合併で複数の市名が一挙に消えた市は平成の大合併以前にもあった。代表例は五市合併で政令指定都市となった北九州市だろう。同市は門司市・小倉市・戸畑市・八幡市・若松市が昭和三八年(一九六三)に政令指定都市として誕生した。ただし同時に市名がそのまま門司区・小倉区・戸畑区・八幡区・若松区の行政区名に引き継がれたので、あまり「消滅」の印象は受けない。ついでながら昭和四九年（一九七四）には小倉区が小倉北区と小倉南区、八幡区が八幡東区と八幡西区に分区している。

政令指定都市ではないが、同じく広域合併で昭和四一年（一九六六）に五市が一緒になったのが福島県いわき市で、勿来《なこそ》・磐城《いわき》・常磐《じょうばん》・内郷《うちごう》・平という常磐炭田エリアに隣接していた五市に加え、四町五村を加えた合計一四にも及ぶ市町村が大合併している。これにより合併当初は「日本一広い市」で知られるようになった。このうち磐城は明治に入って広大だった陸奥国を陸前・陸中・陸奥・岩代・磐城と五分割した国のひとつで、旧磐城市は昭和の大合併期の同二九年（一九五四）に小名浜町・江名町・泉町・渡辺村が合併したもので、昭和四一年（一九六六）の広域合併後に「磐城市」とせずひらがなで「いわき市」としたのは、磐城市に他の市町村が編入された印象を排除したかったのではないだろうか。

広域合併といえば、岡山県倉敷市は高度成長初期の昭和四二年（一九六七）、岡山県南広域都市構想に則って児島市（旧児島郡味野《あじの》町）と玉島市（旧浅口《あさくち》郡玉島町）と合併、いわゆる「大倉敷市」となった（市名は倉敷市）。このうち旧児島市は学生服に特化した繊維工業都市として知られている。ちなみに倉敷市は備中国であるのに対して、旧児島市は岡山市と同じ備前国なので、現在の倉敷市は両国にまたがっている。

もとは昭和三六年（一九六一）に提唱された、岡山市・倉敷市を中心とする三三市町村にも

常磐炭田に関連して人口が集中していた福島県浜通りの勿来（なこそ）・磐城・常磐・内郷・平の５市。これらと４町５村が昭和 41 年（1966）に広域合併して現在の「いわき市」となった。1:200,000「白河」昭和 31 年（1956）編集

及ぶ大合併で「県南百万都市」を建設する構想があったのだが、それが頓挫した後にその「縮小版」として実現したものだ。一方で岡山市を中心とする広域合併も行われ、西大寺市が昭和四四年（一九六九）に編入、消滅している。平成二一年（二〇〇九）には岡山市が政令指定都市となったが、この時に西大寺地区に東区役所（東区西大寺南一丁目）が置かれた。

平成の大合併では、広域合併を行った市に郡名などを冠する例も目立つ。たとえば秋田県本荘市は矢島町など計七町と合併した際に郡名を冠して由利本荘市となったし、鹿児島県の川内《せんだい》市は甑島《こしきじま》列島を含む九市町村の広域合併で薩摩川内市となった。薩摩は旧国名だが郡名でもある。かつては宮城県仙台市と同音であったため、祝電などの際には「カワウチと書く方」「鹿児島県の」といった注釈が必要だったが、これによって少しは誤解されにくくなったかもしれない。

三重県の上野市は平成一六年（二〇〇四）に六市町村が合併した際に旧国名を採用して伊賀市となった。しかし市役所の所在地を上野市丸之内から伊賀市上野丸之内とするなど、旧市街の町名に「上野」を冠したので上野の地名は保存されることとなった。ちなみに伊賀鉄道伊賀線（旧近鉄伊賀線）の上野市駅は合併から一六年経った今も「伊賀市」への改称の気配がなく、かつての市名を継続している。

中には旧市名を惜しげもなく消してしまったところもある。たとえば合併してさいたま市の一部となった旧与野市は、大宮区や浦和区など旧市名を名乗る区が誕生する一方でなぜか「中

さいたま市は政令指定都市となった際の大宮区や浦和区の市名を用いたが、与野市は中央区と命名。「地理院地図」令和２年（2020）９月29日ダウンロード

央区」となった。合併協議会の議事録によれば「合併に賛同すれば中央区にする」という密約があったらしいが、当時の約半数の住民が「与野区」を希望したにもかかわらず、残念なことである。

旧与野市エリアでは与野を中央区内の町名としても一切残さなかったため、この千年に及ぶ由緒ある地名は公式には完全に消滅した。消える時は実に呆気ないものである。現状では駅名や学校名などには残っているものの、これから与野を知らない世代が成長した時に「現状に合わせるべきではないか」といった意見でも出れば、与野駅も「さいたま中央駅」などと改められそうで心配だ。

同様に完全に消滅してしまった例としては茨城県下館市（筑西市《ちくせい》）と石川県松任市《まっとう》（白山市）がある。両者とも歴史的地名を次世代に伝えられなかった点では非常に残念なケースだ。旧地名に馴染んでいる世代が現役である今のうちに町名に冠称するなど、早期に何らかの形で復活させておいた方がよさそうだ。

たとえば筑西市役所は現在「丙《へい》三六〇」であるが、せめて「下館丙三六〇」に変更する。そもそも旧下館町域は大字がなく地番の頭に甲・乙・丙が付けられるのみで、旧城下にあった稲荷町、薬師町、大町、西町などの旧町名は通称に留まっている。これを復活させ、「筑西市下館稲荷町三六〇」などと改めれば満点である。さらに言えば「筑西市」などという妥協の産物の新出来名称をやめ、下館市に戻すのが順当ではないだろうか。松任市も同様である。

同名で隣接する自治体の謎

北海道釧路市の東隣は釧路郡釧路町である。なぜ同じ名前の市と町が隣り合っているのだろうか。釧路町ホームページの「釧路町のあゆみ」と題する年表によれば、大正九年（一九二〇）の欄に「釧路町（現釧路市）に区制が施行されるため、一一万円の年賦助成金を受けて釧路村が分村独立する」とあった。

釧路町に区制が施行されて釧路区になったのであるが、ここでいう「区制」は現在の政令指定都市や東京都の特別区、明治一一年（一八七八）制定の郡区町村編制法における区（市制施行前の東京府日本橋区や神奈川県横浜区、石川県金沢区、京都府上京区など）とは別の北海道と沖縄に特有の制度である。

アイヌ人の土地に「和人」が入植した植民地的性格があった北海道と、琉球王国の独自の歴史を持つ沖縄県の事情が考慮された結果である。これら東京から離れた遠隔地で民衆が勝手に「自治」をされては困る、という中央政府の意向も働いたのかもしれない。いずれにせよ北海道では明治三〇年（一八九七）に北海道一級町村制・同二級町村制が公布、その後順次施行されていく。一級町村長は町村会が選挙するが、二級町村長は北海道庁長官の任命で、自治は大幅に制限されていた。明治三二年（一八九九）に北海道に施行された区制により札幌区・函館区・小樽区が誕生し、大正に入って旭川区、室蘭区、それにこの釧路区が発足している。ちなみに沖縄県の那覇区と首里区は明治二九年（一八九六）に発足、大正一〇年（一九二一）にそれぞれ那覇市・首里市（現那覇市）となった。

一級町村であった釧路町が区制施行する際に釧路村を分離独立させたのは、相当に広かった当時の町域のうち市街地を切り離したもので、当時の区の要件を満たすための措置だったのだろうか。その後は釧路区（大正一一年から釧路市）と釧路村が隣接することになった。釧路村は昭和五五年（一九八〇）に町制施行して現在に至っている。ついでながら、釧路区が釧路市となった際に支庁名が釧路支庁から「釧路国《こく》支庁」と改められた。これは「釧路支庁」と「釧路市長」が紛らわしいための改称で、昭和三二年（一九五七）に釧路支庁に再改称した（平成二二年より釧路総合振興局）。

北海道で同名の市と町村が隣接していたもう一つの例が札幌市と札幌村だ。こちらは昭和の大合併期にあたる昭和三〇年（一九五五）に札幌市に札幌村が編入されて消滅している。現在の市域北東部にあたるが、明治四年（一八七一）に札幌元村と札幌新村の合併で誕生したものだ。

本州や九州にもかつては同名の市町村が隣接するケースがあった。たとえば佐賀県の唐津市

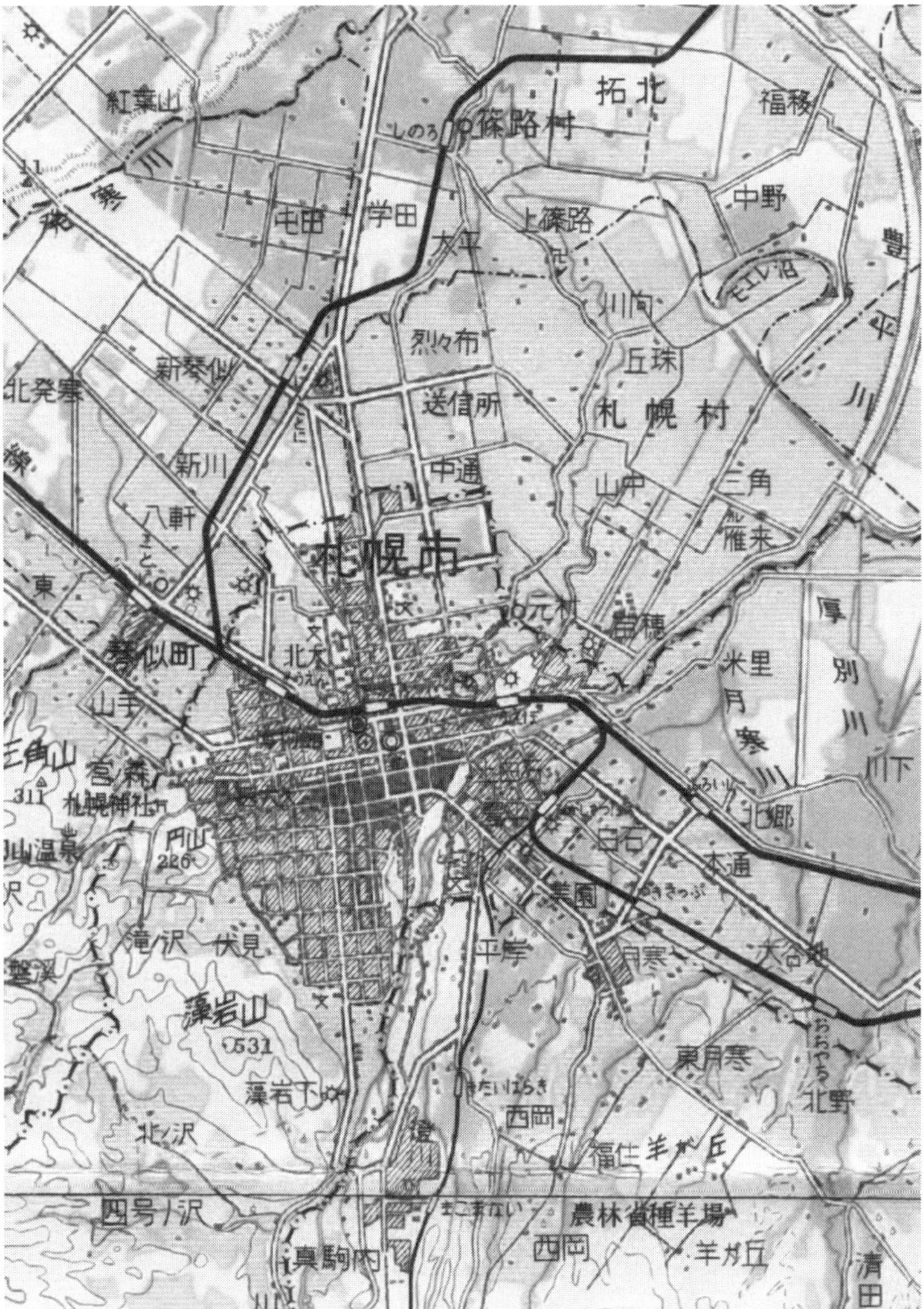

札幌市の北東側に隣接していた札幌村。昭和30年（1955）に周囲の町村とともに札幌市に編入された。1:200,000「札幌」昭和25年（1950）編集

は昭和六年（一九三一）まで唐津町と唐津村に分かれていた。これは江戸時代の唐津城下町とそれを取り囲む村という関係（「町」と「在」の関係）が明治以降にも持ち越された形である。

そもそも近世まで町と村といえば、ほぼ職業の違いを意味していた。町には商工業に関わる町人が住み、村には農民、浦や浜には漁民が住むという住み分けである。とはいえ唐津村では江戸中期以降は城下町に接した部分の町場化（市街化）が進み、それに伴って地子（地代）免除や、村では禁じられていた下駄履きや盆踊りが許されるなど、町に準ずる扱いを受けていたという。明治に入って唐津村内に唐津駅ができると両者の区別はさらに不明確となり、合併に至る。

同様の例は長崎県の大村と大村町（現大村市）も同様だ。もともと大村は平安時代から見られる広域の地名で、近世に大村藩の城下町となった区域が明治二二年（一八八九）の町村制で「大村町」となった。この時に武家屋敷のある大部分は「大村」という別の村の所属になっている。明治期にすでに「武家地」が存在しないことから、従来は農村を示した「村」に入れざるを得なかったのだろう。両者の合併は大正一四年（一九二五）である。

これを村にせず「本町」としたのが新潟県の村上本町《むらかみもとまち》（現村上市）で、同町は武家屋敷地にあたる五町が合併したものだ。一方で城下町は二〇町合わせて別の自治体である村上町を形成したが、戦後民主主義の世を迎えてということか、昭和二一年（一九四六）に合併して新たに村上町となった（同二九年市制施行）。同じ新潟県内の新発田本村《しばたほんそん》も同様に武家地で、こちらは早くも明治三四年（一九〇一）に新発田町の一部となった。江戸時代の名残に見えて違うのが愛知県岡崎市の南に隣接していた岡崎村である。こちらは東海道本線に岡崎停車場が設置されたことにちなむ命名だ。柱・針崎《はりさき》・戸崎《とさき》・羽根・若松の五村が合併したものだが、新たな行政村名として駅名を採用したものである（昭和三年に岡崎市に編入）。

時代ははるかに下って、ごく最近になって隣接同名市町が高知県に登場した。四万十《しまんと》市と四万十町である。両者の中心はそれぞれ旧中村市と旧窪川町であるが、清流で全国に知られる人気の四万十川にあやかろうと競合してしまったようだ。武家地と町人町とは違う、なかなかイマ風の事情である。四万十市は平成一七年（二〇〇五）に中村市と西土佐村が合併、四万十町は翌一八年に窪川町・大正町・十和村が合併した。

この件で忘れられないのが、中村と窪川の中間地点の近くで土讃線の車窓から見た道路標識である（写真の標識とは異なる）。右矢印の先には「四万十」、左矢印の先にも「四万十」とあり、思わず笑ってしまった。もちろん「どちらへ行っても四万十」という間抜けな表示では困るので、中村と窪川をそれぞれカッコに入れ、かろうじて存在意義を維持していたものである。

県名と同じだが県庁所在地ではない

都道府県庁所在地の「都市」が都道府県名と異なる例は一九都道県ある。北海道・岩手県・宮城県・茨城県・栃木県・群馬県・埼玉県（県庁所在地はひらがな表記）・東京都・神奈川県・石川県・山梨県・愛知県・三重県・滋賀県・兵庫県・島根県・香川県・愛媛県・沖縄県。疑問に思われた方は東京都の扱いだろう。学校の地図帳などでは新宿の位置に都道府県庁の記号が置かれ、ここに「東京」と表記してある。

これは二三区全体を「ひとつの都市」と考えて便宜的に表記したもので、独自の議会を持ち、公選の首長を戴く独立した自治体と解釈すれば「新宿区」が正解ということになる。もちろん新宿区は特別区であり、市の役割とイコールではない。この「東京」の扱いには昭和一八年（一九四三）まで実際に「東京市」が存在したことも影響しているだろう。しかしその問題はここの主題ではないので深入りしない。

他はどうだろうか。北海道という名称は、幕末の探検家である松浦武四郎がそれまでの蝦夷《えぞ》地《ち》に代わる呼び名として提案した六案の中から選ばれた「北加伊道《きたかいどう》」のカイ（自らの土地を称するアイヌ語）を、古代の五畿七道の東海道や南海道などになぞらえて「海」に変え、北海道としたというのが定説だ。しかし北海道や北海を名乗る市町村はこれまで存在していない。

岩手・宮城・茨城・群馬・埼玉についてはいずれも郡名が県名として採用されたもので、このうち岩手県と同名の岩手町は昭和の大合併期の昭和三〇年（一九五五）に沼宮内《ぬまくない》町を中心に四町村合併で誕生したもので、岩手県岩手郡岩手町と「トリプル岩手」が今も健在だ。やはりトリプルであった宮城県宮城郡宮城町は岩手町と同年の誕生であったが、こちらは昭和六二年（一九八七）に仙台市に編入されている。茨城町は東茨城郡なのでトリプルにはなっていないが、水戸市に隣接しているだけあって人口も約三・三万と大型の町だ。群馬県群馬郡群馬町は平成一八年（二〇〇六）に高崎市に編入されて消滅した。

これらに対して栃木市は郡名由来ではない。古くは栃木（橡木）郷と称し、江戸期には商業の町として繁栄、明治四年（一八七一）に栃木県の県庁所在地（栃木町）となったが、その後同一七年（一八八四）には県庁が宇都宮に移転、現在の形になった。県名も「宇都宮県」に変更される予定だったが、事情により県名だけは変更なしとされた。珍しいケースである。

神奈川と兵庫は、いずれも港町としての重要性から県名に採用されたのだろうが、自治体名としては神奈川町が明治二二年（一八八九）から三四年までの間だけ存在し、横浜市に編入されて消滅した。しかしその後昭和二年（一九二七）には行政区として神奈川区が新設、復活した形である。兵庫は最初から神戸市の一部であったが、昭和六年（一九三一）九月に区制が施行されて一帯は湊西《そうさい》区となった。ところが不満があったのか、わずか一年四か月後の同八年一月に兵庫区と改称している。

関東以西で郡名に由来する県は石川・山梨・愛知・三重・滋賀・島根・香川の各県である。このうち石川県のもととなった石川郡は広大な扇状地を成す石の多い川原が特徴の手取川にちなむ地名とされるが、県内では石川を名乗る自治体が存在したことはない。旧加賀国は明治初頭に金沢県となったが、当時は旧能登国が七尾県であったため県都の位置が金沢では北に偏っていることから石川郡の美川に県庁を置き、石川県と改めた。金沢に「不平武士」が多かったことなどもウラ事情らしい。石川県改称のわずか七か月後には能登も管轄下に入ることとなり、再び金沢に県庁が移されて今に至っている。

山梨県の山梨市は旧山梨郡（現東山梨郡）の中心として現存、愛知県の「愛知町」は現在の名古屋市中川区にあたる愛知郡の自治体として大正一〇年（一九二一）まであった。余談であるが関西本線の前身である関西鉄道は当初、名古屋から五六〇メートルほどの近い場所に同鉄道のターミナルとして立派な駅舎をもつ愛知駅を置いている。官営東海道本線と名古屋〜大阪間の輸送で激しい競争を繰り広げたが、明治四〇年（一九〇七）に国有化された後に駅も廃止された。

滋賀県滋賀郡の滋賀村も大津市街の北隣に昭和七年（一九三二）まであった。現在の大津市役所（現南別所町）のすぐ北側の地域で現在は大津市内である。香川県香川郡香川町は昭和三

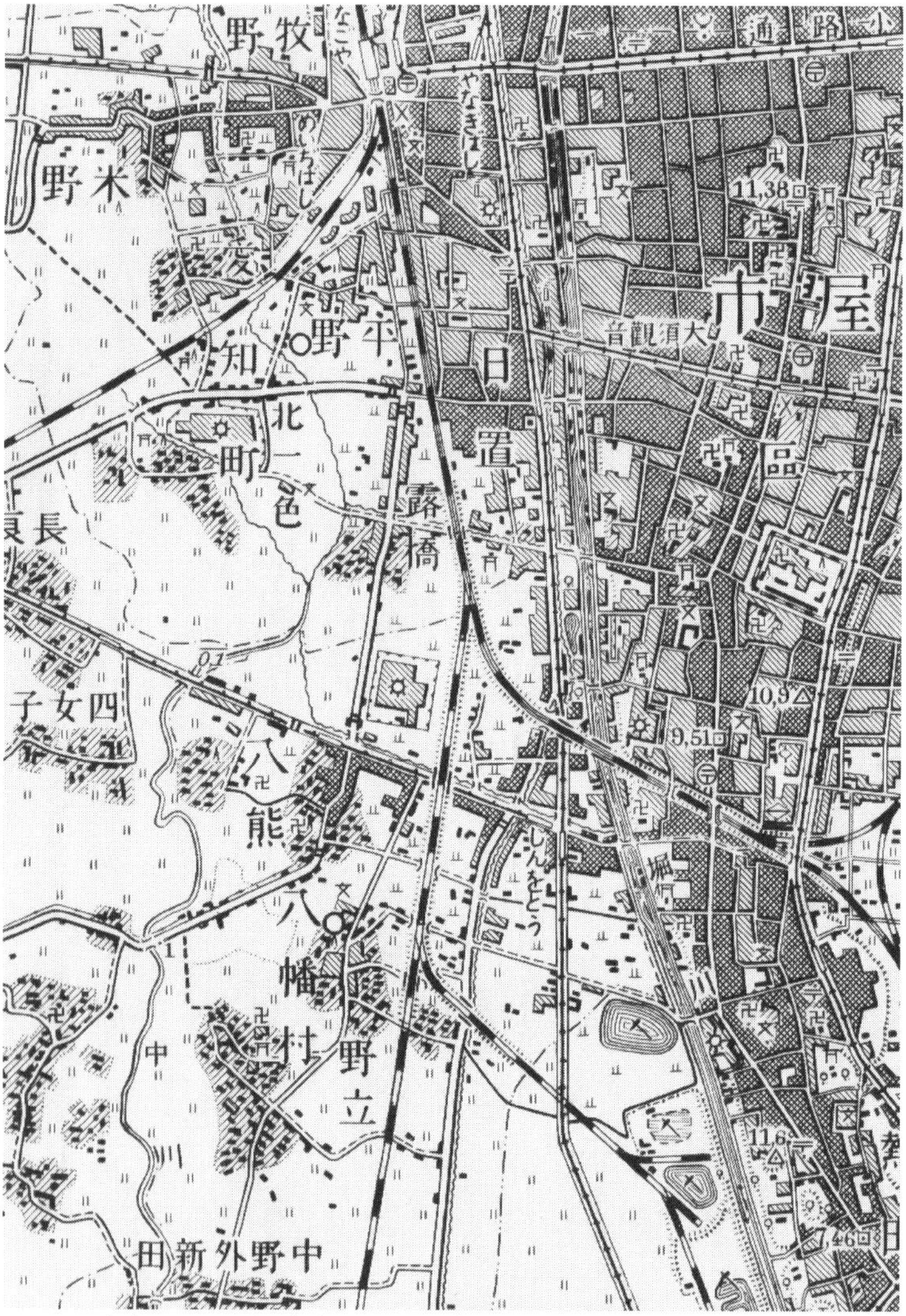

かつて名古屋駅の間近に存在していた「愛知県愛知郡愛知町」（西へ向かう関西本線付近）。大正 10 年（1921）に名古屋市に編入された。1:50,000「名古屋南部」昭和２年（1927）鉄道補入（鉄道以外はおおむね大正９年の状態）

〇年（一九五五）に三村合併で誕生したが、平成一八年（二〇〇六）に高松市に編入され、現在は香川県高松市香川町となっている。島根県八束《やつか》郡の島根町は昭和三一年（一九五六）にやはり三村合併で生まれ、平成一七年（二〇〇五）に松江市になった。いずれも昭和の大合併から平成の大合併のほぼ半世紀限りの町である。

県名の由来として珍しいのが愛媛。県名は古事記に「愛比売《えひめ》」として登場する伊予国の異称で、これに関する町村も登場したことはない。「愛比売命《えひめのみこと》」は伊予国内の神社に祀られる神様でもあり、町村名に使うのを憚《はばか》ったのだろうか。沖縄市は県名にちなむ市名で、昭和四九年（一九七四）にコザ市と美里村の合併で誕生した。

小さな島の自治体

私が小学生の頃、東京都の伊豆諸島に浮かぶ八丈小島が全村離島して無人島になった話を読んだ。教科書か副読本に載っていたものだが、住み慣れた土地を離れる島民の辛さが文章から伝わってきてひときわ印象に残ったものである。

あらためて調べてみると、島民が故郷を離れたのは昭和四四年（一九六九）一〜六月。この島は八丈島の西方沖合約四キロに浮かぶ文字通りの小島で、わずか三平方キロという狭い面積にもかかわらず最高峰の太平山《おおたいらさん》は六一六・八メートルと高い。要するに海底火山の山頂部だけが海の上に突き出している状態なのだが、このため地形は急峻で、周囲はほとんど海食崖に囲まれている。月四便という船が桟橋に付けられない日も多かったという。

それでもこの小島には北西部に鳥打《とりうち》村、南東部に宇津木《うつき》村という二か村が昭和三〇年（一九五五）まで存在した。佐渡島全体が一市になるような現在では考えられない小ささである。鳥打村の方がある程度平坦な土地があるため人口も多く、寛政一一年（一七九九）の記録では百姓三九軒、小屋持四軒、流人小屋二軒が記されている。これに対して宇津木村は同年に神主百

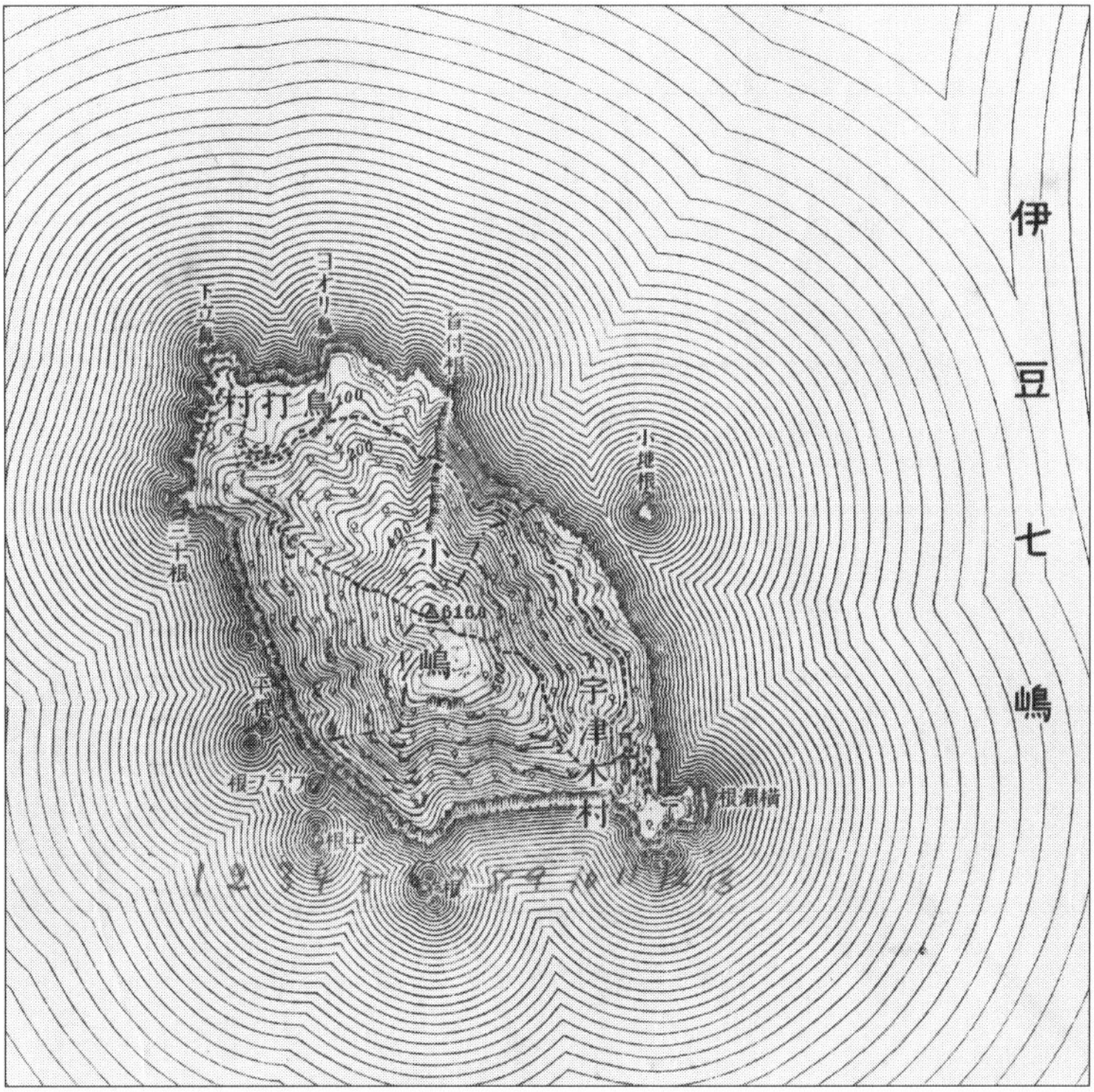

八丈島の西に浮かぶ八丈小島は現在無人島だが、かつて２つの村があった。このうち南東側の宇津木村には村議会がなく、地方自治法に定める町村総会が開かれる唯一の直接民主制の村が行われたことで知られる。1:50,000「小島」明治45年(1912) 測図

姓二〇軒、小屋持三軒、流人小屋一軒。

「流人小屋」の存在がこの島の位置付けを否応なく教えてくれるが、江戸期の戯作者として有名な式亭三馬も宇津木村の神主の家だというから興味深い。源為朝《ためとも》最期の地という伝承もあり、為朝神社があった。明治一〇年（一八七七）の人口は鳥打村が二八二、宇津木村が二二二とかなり増えているが、その後は急減して昭和一五年（一九四〇）の国勢調査では鳥打村一〇六、宇津木村八三、同二八年（一九五三）には鳥打村一〇八人、宇津木村が激減してわずか五〇人となった。地形の制約で耕地もほとんどなく、牧畜とテングサの採取などに限られていたため、高度成長期で本土が発展していくと島外に出る人が多く、人口は明治期の三割にまで減ってしまったのである。昭和の大合併期である昭和三〇年（一九五五）には八丈村に編入、両村が消滅した後は八丈町の大字鳥打・宇津木となったものの、離島の二か月前の昭和四四年（一九六九）四月には鳥打に一五戸六〇人、宇津木にはわずか九戸三一人が残るのみであったという（『日本の島ガイド　シマダス』一九九八年発行）。

このうち宇津木村は戦後になっても村議会を持たず、その代わり村民による「総会」で物事を決めていた。これは地方自治法第九四条及び第九五条に定められた「町村総会」で、現在適用している自治体は皆無だが、当時もおそらく唯一だったのではないだろうか。直接民主制といえば現在ではスイスのアペンツェル・インナーローデン準州とグラールス州のものが知られているが、日本国内にもそれが存在したのである。

余談だが数年前にアペンツェルを訪れた際、ウェイトレスに直接民主制—ランツゲマインデ（青空会議）に参加したことがあるのか尋ねてみた。彼女は他州から来たバイトなので経験はないと答えつつ、毎年四月の最終日曜日に行われる当地のランツゲマインデが賑わう様子を教えてくれた。世界的にも珍しいので観光客が多く、彼らと住民の間にはロープを張って両者を区別するのだという。

さて、町村制はほぼ全国的に明治二二年（一八八九）に施行されたが（香川県は翌年）、それは本土とその附属諸島に限られたもので、伊豆・小笠原諸島や隠岐（島根県）、そして南西諸島などについては、しばらく府県庁による「直接統治」が行われていた。伊豆・小笠原諸島が明治初頭に足柄県・静岡県に所属していたにもかかわらず、明治一一年（一八七八）に東京府（現東京都）に移管されて今に至るのも、首都の直轄領という位置付けの名残だろう。だから島の郵便番号の上三ケタは東京中央郵便局の一〇〇であり、自動車も品川ナンバーなのである。

島嶼部に町村制が実施された時期は島によって異なるが、沖縄など南西諸島と大島、八丈島では明治四一年（一九〇八）、その他の伊豆諸島では大正一二年（一九二三）、小笠原ではさらに遅く昭和一五年（一九四〇）までずれ込んでいる。現在の小笠原村は昭和四三年（一九六八）に米国から返還された際に発足したものだがその範囲は非常に広く、村の最西端にあたる沖ノ鳥島から東端の南鳥島までは北海道最北端の宗谷岬から九州最南端の佐多岬までにほぼ等しい約一九〇〇キロもある。このうち一般人が今も常住しているのは父島・母島のみだが、戦前には硫黄島《いおうとう》村（昭和一五年国勢調査で一〇五一人）、北硫黄島村（同一〇三人）という自治体も存在した。父島も二村に分かれており、北側が大村、南側が「扇村袋沢村」という村の字を二つ擁するきわめて珍しい村もあった（扇村と袋沢村の合併で明治二九年に誕生）。この村には明治一三年（一八八〇）に政府主導でコーヒー栽培が行われたこともあるという。日本もつくづく広いものである。

「通りの良い地名」に変える

千葉県江戸川町、埼玉県足立町、神奈川県鶴見村。こう聞いてピンと来る人は、よほど町村合併に詳しい人だろう。「鶴見なら知っている」という人はいるかもしれないが、それはきっと「別の鶴見」である。

最初の江戸川町は昭和二六年（一九五一）四月一日からその年の大晦日までの九か月しか存在しなかった自治体で、翌年の元日に流山町と改称された。そもそもは明治二二年（一八八九）の町村制施行時から流山町と称したのを、戦後になって隣接する八木《やぎ》村と新川《しんかわ》村と合併した際に、「対等合併」という理由なのか目の前を流れる川の名をとって江戸川町とした。しかし実質的には流山の町が規模として大きかったため、おそらくわかりにくいという不満が噴き出し、「平等」をやめて実質をとったのだろう。実に短命に終わった町である。昭和四二年（一九六七）に市制施行して流山市となった。

次の埼玉県足立町は「昭和の大合併」の時期にあたる昭和三〇年（一九五五）に志木町と宗《むね》岡《おか》村が合併して誕生したものである。足立の名は「北足立郡の代表的な町づくりを標榜したことによる」と『角川日本地名大辞典』に理由が述べられている。もちろん一帯は大宮も浦和も含めて北足立郡に所属していたので足立で「不当」ということはないだろうが、東京都の足立区がすでに大きな存在であったこともあり、誤解をおそれた可能性もありそうだ。こちらは一五年と江戸川町よりずっとに長持ちしたが、東武東上線の駅名が昔から志木であることも影響してか、昭和四五年（一九七〇）の市制施行を機に志木市となった。

実は旧志木町は戦時中にも一時期消えたことがある。「戦時合併促進法」に伴って前述の宗岡村ほか二村が合併したもので、表記が「志紀町」に変わった。しかし戦後の昭和二三年（一九四八）に戦時合併前の状態になったため志木町に戻っている。要するに現在の志木市は三度目の「志木」なのだ。ついでながら東武東上線の志木駅は志木市ではなく隣の新座市にある。

最後の鶴見村はやや複雑で、東海道本線（京浜東北線）の駅がある現在の横浜市鶴見区ではなく、同じ神奈川県内の現大和市にあった。鶴見村は明治二二年（一八八九）の町村制施行時に下鶴間《つるま》・深見・上草柳《そうやぎ》・下草柳の四村と上和田村の飛地が合併、鶴間と深見を一字ずつ採って合成、「鶴見村」としたものである。しかし県内の鶴見（現鶴見区）との混同を懸念したのか、わずか二年後に大和村に改称した。大和は国の異称でもあり、かつ「大きく和する」という意味になるため合併で新村名を決めかねた村に歓迎された。これまで全国に二七の「大和」が叢生したのだが、大半が合併で消滅している。

ちなみに横浜の鶴見の方は当時生見尾《うみお》村と称していたが、こちらも安易に生麦・鶴見・東寺

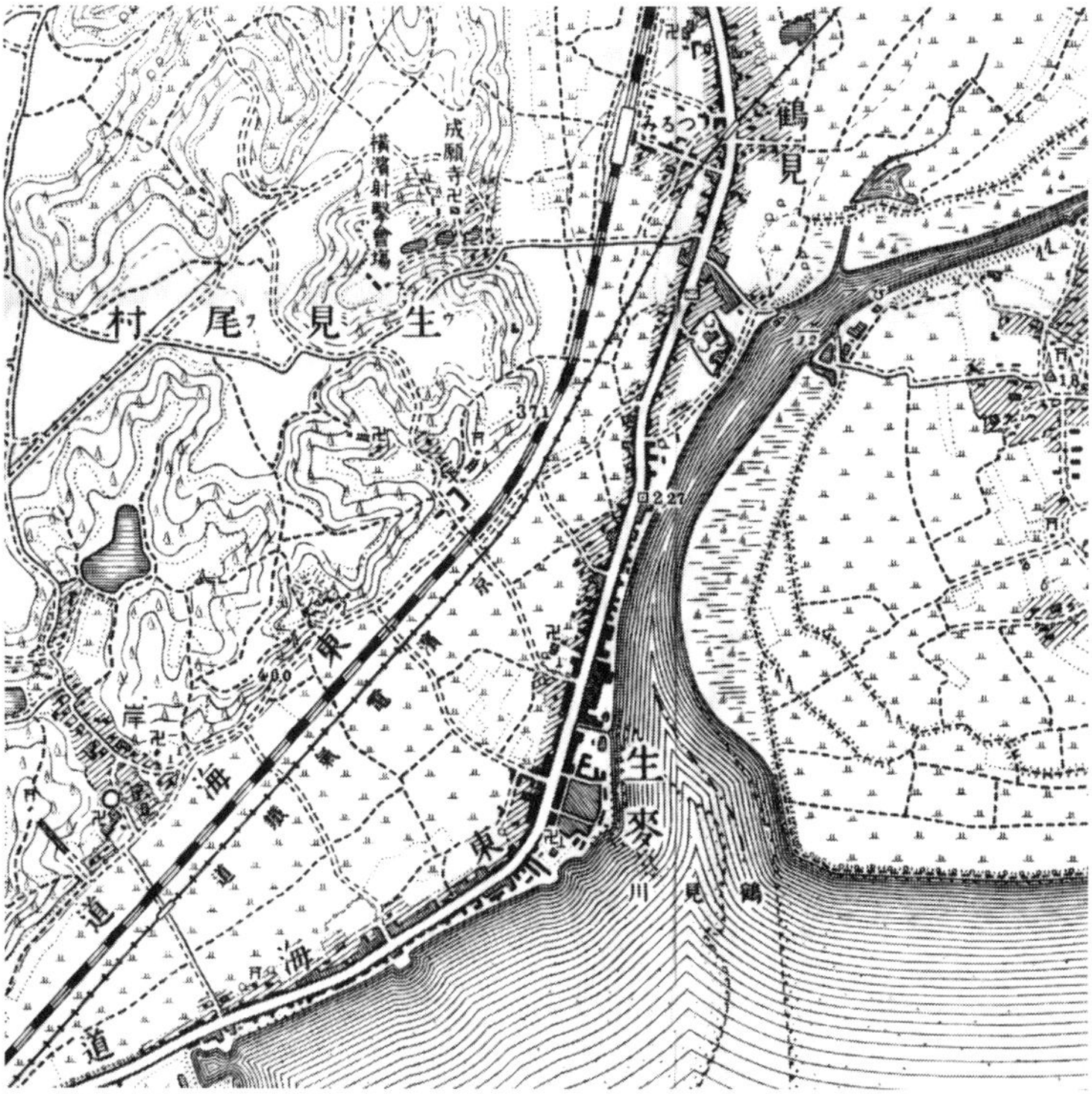

現在の横浜市鶴見区の鶴見は、かつて生見尾村（生麦・鶴見・東寺尾の合成）と称した。1:20,000「神奈川」明治39年（1906）測図同42年改版

尾の各村から一字ずつ採った合成地名だ。大正一〇年（一九二一）の町制施行の時に鶴見町と改めたのは、人工的な地名が地域に浸透しなかった証拠だろう。今ではこの村名を見ることは滅多になく、東海道貨物線の「生見尾トンネル」と東海道本線の「生見尾踏切」に名残をとどめる程度だ。

山口県周南《しゅうなん》町も紛らわしい。熊毛《くまげ》郡の四村、光井《みつい》・島田《しまた》・浅江・三井《みい》が昭和一四年（一九三九）に合併した際、「周防国の南部」に位置することから周南町を名乗ったのだが、翌一五年に光町と改めた。現在の光市である。一方で現在の周南市は徳山市と新南陽市および熊毛町・鹿野町の合併で、戦前の周南町より少し北に位置している。旧周防国として見ればちょうど東西のまん中だ。後世の人が周南の文字で両者を混同しないことを祈りたい。

鹿児島県の東南方《ひがしみなかた》村も他県の人には馴染みがない。明治初期の薩摩半島に南方郷があり、その東側という位置付けである。明治の町村制で東鹿籠《かご》・西鹿籠・枕崎・別府の四村が合併したものだが、江戸期にはこれらは鹿籠村（現枕崎市）に属していた。明治に入ってからは枕崎のカツオ漁業が発展し、家も増えて経済・産業の中心となったのを受けて大正一二年（一九二三）の町制施行で枕崎町と改称した。やはり実質本位ということだろう。その後は南薩《なんさつ》鉄道（後の鹿児島交通南薩線）の終着駅もできて発展は加速される。

北海道野付牛《のつけうし》町はヌプケウシ（アイヌ語で「野の端」などの説）に当て字をしたもので、明治以来ずっとこの表記の町として続いていた。国鉄の駅名も野付牛であったが、昭和一七年

（一九四二）に市制施行された際に北見国にちなんで北見市と改称されている。駅名も同年に北見と改められた。今ではオホーツク総合振興局管内では最大の都市である。

島根県大社町（現出雲市）にあった旧国鉄大社線の大社駅。かつての杵築町と杵築村が大正10年（1921）に合併した際、著名な出雲大社にちなんで大社町とした。平成22年（2010）6月29日撮影

かつて伊勢神宮の荘園の名として広域地名を採用した静岡県御厨《みくりや》町。その大字のひとつである御殿場に駅ができたこともあってか、大正三年（一九一四）には御殿場町と改称した。また滋賀県長野町は昭和五年（一九三〇）に戦国期までの荘園名としての広域地名に改めた。信楽《しがらき》町であるが、こちらは荘園というより「信楽焼」の中心産地にちなむものだろう。その信楽町も平成の大合併で現在では甲賀《こうか》市の一部となった（信楽駅の所在地は甲賀市信楽町長野）。いずれも自治体の名を「通りの良い地名」に改めた例である。

こちらは、志布志市 志布志町 志布志の
志布志市役所 志布志支所です。
やすらぎとにぎわいの輪が協奏するまち
市章
「志布志」の由来…
志布志の地名は、天智天皇遷幸《せんこう》の伝説の中で、天皇に布を献上した妻女の優しい
心にならい、召使いの女性もまた布を献上したところ、天皇は大変感激され「上下
より布を志す誠にこれを上下の志布志である」といわれて高濱の郷中すべて志布志
と呼ぶようになったと伝えられています。

合併の履歴を愚直に語る住所の表示

旧志布志町にある志布志市役所志布志支所。平成18年（2006）に志布志・松山・有明の３町が合併した際に市役所が旧有明町に置かれたため、旧志布志町役場は支所となった。住所表記に３つある志布志の１つ目は市名、２つ目は旧町名（志布志町）、３つ目は旧町の大字名である。この住所表記では「志」の字が６つ登場する。
平成25年（2013）11月20日加除出版撮影

東西南北中新といえば

増える東西南北つきの市

田無《たなし》市と保谷《ほうや》市が平成一三年（二〇〇一）に合併、西東京市が誕生した。市名を決める際にはだいぶ議論があり、当時の石原慎太郎東京都知事も「そもそもあそこは東京の西なのか」と疑問を呈したものである。たしかに西の雲取山から東の江戸川という全域（島嶼部は除外して）から見れば、むしろまん中より東寄りだ。もともと西東京市という名称の発想は「東京都二三区の西側」ということなのだろう。長らく「西東京バス」が走り、企業の「西東京支社」が立地してきた八王子市や立川市あたりのことはあまり考慮されなかったようだ。

さて、西東京市の西側には東のつく市が三つある。東久留米市、東村山市、東大和市である。このうち西東京市の西に隣接する東久留米市は、かつて北多摩郡久留米町であった。久留米という地名そのものは明治二二年（一八八九）に久留米村（後に久留米町）が誕生して以来の比較的新しいもので、合併したのは門前神山《こうやま》・落合・小山《こやま》・南沢・前沢・下里・柳窪の八村に加えて柳窪新田・栗原新田という二つの新田、その他三村の飛地である。いずれにも「久留米」の文字はないが、これは村域の北側を流れる黒目《くろめ》川の明治期までの異表記である「久留米川」

にちなむ。クルメは川の曲流に名付けられる地名で、福岡県の久留米市でも、かつては町の北側で筑後川が大きく蛇行していた。東京都久留米町が昭和四五年（一九七〇）に市制施行した際、明治以来の福岡県久留米市と区別するため、はるか東に位置するので「東」を冠したものである。ただし「東久留米」は大正四年（一九一五）に開通した武蔵野鉄道（現西武池袋線）の駅として設置される際に福岡県の久留米駅（鹿児島本線）と区別するため当初から東久留米と称し、住民もそれに馴染んでいた。

ずいぶんと遠い久留米と東久留米だが、自治体名としてはそれほど珍しくない。これに対して東村山市の「東」は村山地方の東部を意味する。かつては西に隣接した村山町もあって、こ

田無市と保谷市が平成 13 年（2001）に合併して誕生した西東京市。西武新宿線花小金井駅にほど近い南町。これで西・東・南の３方向が揃ってしまう。令和元年（2019）12 月 13 日撮影

ちらは昭和四五年（一九七〇）の市制施行の際、すでに山形県に村山市（郡名にちなむ）が存在したため、重複を避けて武蔵村山市となった。自治体名の重複回避については昭和二九年（一九五四）に一日違いで市制施行した府中市（広島県が三月末日、東京都が四月一日）を例外として、旧国名を冠するなどして同名が生じないよう調整が行われてきたが、昭和四五年（一九七〇）の自治事務次官通知で「新たに市となる普通地方公共団体の名称は、既存の市の名称と同一となり、または類似することとならないよう十分配慮すること」とされ、徹底を期している。

東大和市も、大和町が市制施行する際に神奈川県大和市と区別するため東を冠した。ただし経度を見れば両市はほぼ同じで、市役所の建物を厳密に測ってみると東大和市が東経一三九度二五分なのに対して、大和市は東経一三九度二七分と、むしろ大和市役所の方がわずかに東に位置する。緯度では東大和市がほぼ真北なのだから、付けるなら「北大和市」になりそうなところだが、北の方角は従来から地名として忌避される傾向もあり、苦しまぎれに東を付けたというのが実情だろうか。同市のホームページでは「東京の大和市という意味をこめて付けられた」としているけれど。

方角つき市名には、①地域内のどこにあるか（東村山市）、②他市との位置関係（東久留米市・東大和市―こちらは事実ではないが）、③ある地域のどちら側に隣接しているか（西東京市）、という三類型に分けられる。

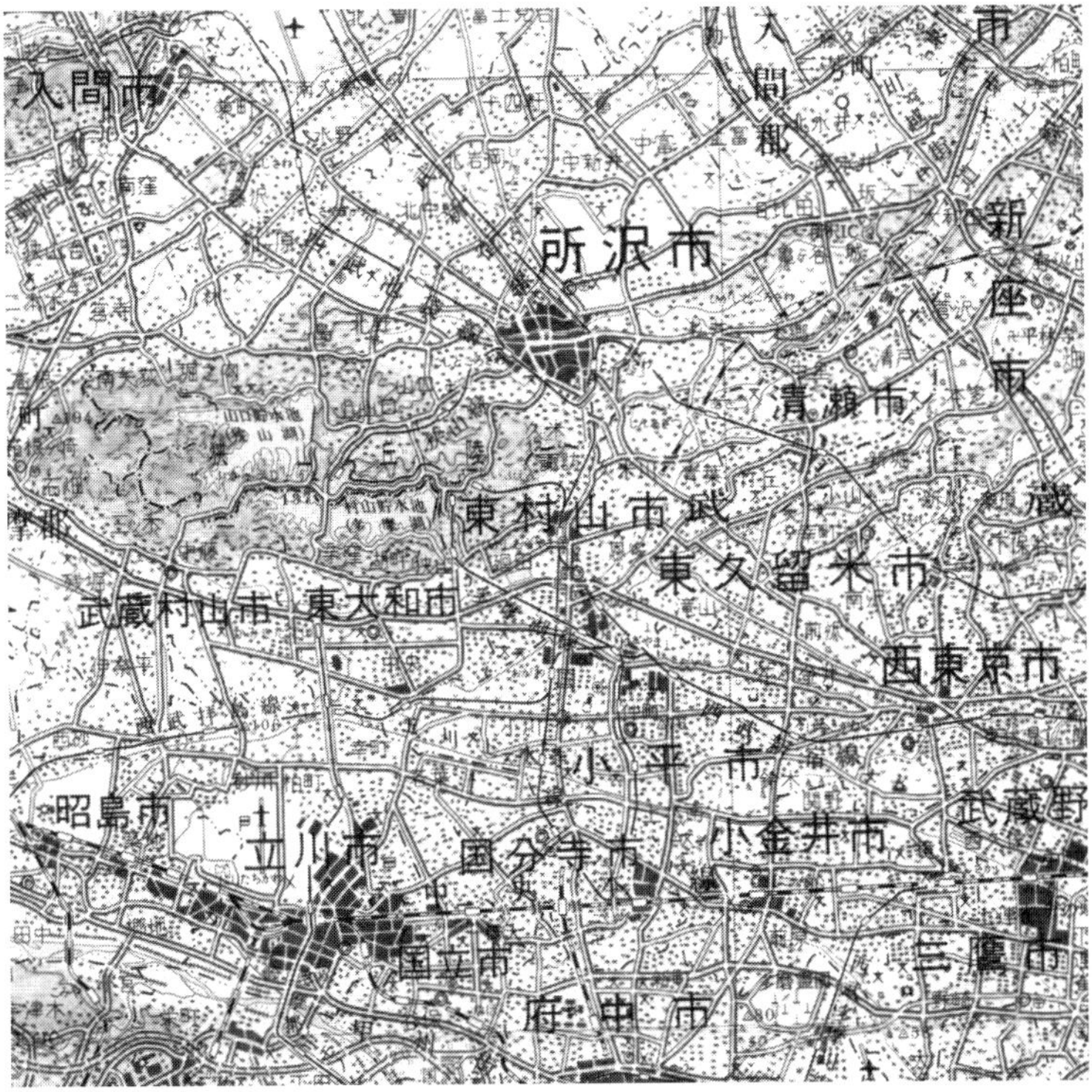

東のつく市・西のつく市が目立つ東京都の旧北多摩郡エリアだが、それぞれの東西の意味合いは異なる。1:200,000「東京」平成 24 年（2012）要部修正

全国には西宮市や北見市など歴史的地名の一部である東西南北を除き、東のつく市が東松島市・東松山市・東近江市・東大阪市・東広島市・東かがわ市と前述の東京都三市の合計九市、西が西東京市だけで一市、南が南相馬市・南房総市・南足柄市・南魚沼市・南アルプス市・南あわじ市・南島原市・南さつま市・南九州市の九市、北が北広島市・北秋田市・北茨城市・北名古屋市・北九州市の五市となっている。

このうち、①地域内にあたるのは東村山市・東かがわ市・南房総市など、②位置関係が埼玉県東松山市（愛媛県松山市に対して）、③隣接関係が東大阪市や北名古屋市などに分類できるが、これら二四市のうち平成の大合併で誕生したのは一四市にのぼる。中には北秋田市や南魚沼市などのように郡名をそのまま採用したケースもあり、同じ東西南北とはいえさまざまだ。

最後に蛇足。早稲田大学が校歌で「都の西北」と詠うのは、①の地域内―東京市内の西北部という意味ではなく、厳密に言えば③の隣接関係である。メインのキャンパスは昔から今の場所にあるのだが、昭和七年（一九三二）に東京市が大拡張するまで、牛込区からわずかに外れた豊多摩郡戸塚町に位置していたためだ（早稲田町・早稲田鶴巻町などは牛込区内）。

新のつく市町村

新幹線の駅名では新横浜や新大阪のように「新」のつくものが目立つが、自治体にも「新」のつく例がある。和歌山県新宮《しんぐう》市や山形県新庄市のように地名そのものに新がつくものを除き、自治体として発足した際に「新」をつけた現存の自治体を挙げてみれば、新十津川《しんとつかわ》町（北海道樺戸《かばと》郡）、新篠津《しんしのつ》村（北海道石狩郡）、新温泉町（兵庫県美方《みかた》郡）、新上五島《しんかみごとう》町（長崎県南松浦郡）の四つである。

北海道の二町村は明治期からの自治体名だが、「新」の意味はそれぞれ異なっている。このうち新十津川町の方は、奈良県南部の現吉野郡十津川村域で明治二二年（一八八九）八月に発生した集中豪雨による大水害によって村の家屋の四分の一が全半壊するという大被害を被り、これを機に被災した六〇〇戸（二四八九人）が北海道に移住、翌二三年に故郷の名にちなんで建設した村である（昭和三二年に町制施行）。これに対して新篠津村は現江別市内の石狩川北岸に位置する篠津村（現江別市篠津）から明治二九年（一八九六）に分村して独立したもので地域は隣接しており、「本家」から一二〇〇キロ前後も離れている新十津川とは意味合いが違う。

これらに対して、新温泉町と新上五島町は平成の大合併で誕生したので文字通り新しい。長崎県の新上五島町は平成一六年（二〇〇四）八月一日に「五島」のうち東側二島（中通島《なかどおりじま》・若松島）を中心とする有川町・上五島町・若松町・新魚目《しんうおのめ》町・奈良尾町の五町が合併したものだ。これら全体の広域名称は上五島で、実際に「上五島地域五町合併協議会」という名前で協議も進められた。しかし新町名を上五島町にしてしまうと、既存の上五島町に残りの四町が併合（編入）されるイメージとなるため、「対等合併」の見地からこれを避けて新を冠したようだ。合併協議会の議事録を閲覧すると、なかなか激しい発言の応酬も見られるから、新町名が「上五島町」では、合併がご破算になる可能性さえあっただろう。

もうひとつの新温泉町は兵庫県の日本海側に位置する美方郡の浜坂町と温泉町が平成一七年（二〇〇五）一〇月一日に合併したものだ。浜坂町は海沿いの山陰本線の漁港の町で、江戸末期から針の産地で、昭和に入ってからはレコード針に特化して発展した。温泉町の方はそこから一〇キロほど山へ遡った古代からの湯村温泉で知られる。性格の異なる隣接した二つの町の協議はやはり新町名で紛糾、合併そのものが延期された経緯をもつ。なかなか双方とも納得のいく結論が出ないまま町長の辞任劇などもあり、ようやく決まった合併協定書に「名称は新温泉町とする。ただし、合併後検討する」という異例の文言が含まれる事態となったが、平成二四年（二〇一二）に町長が「新温泉町の維持」を表明したことから落ち着いたという。町役場

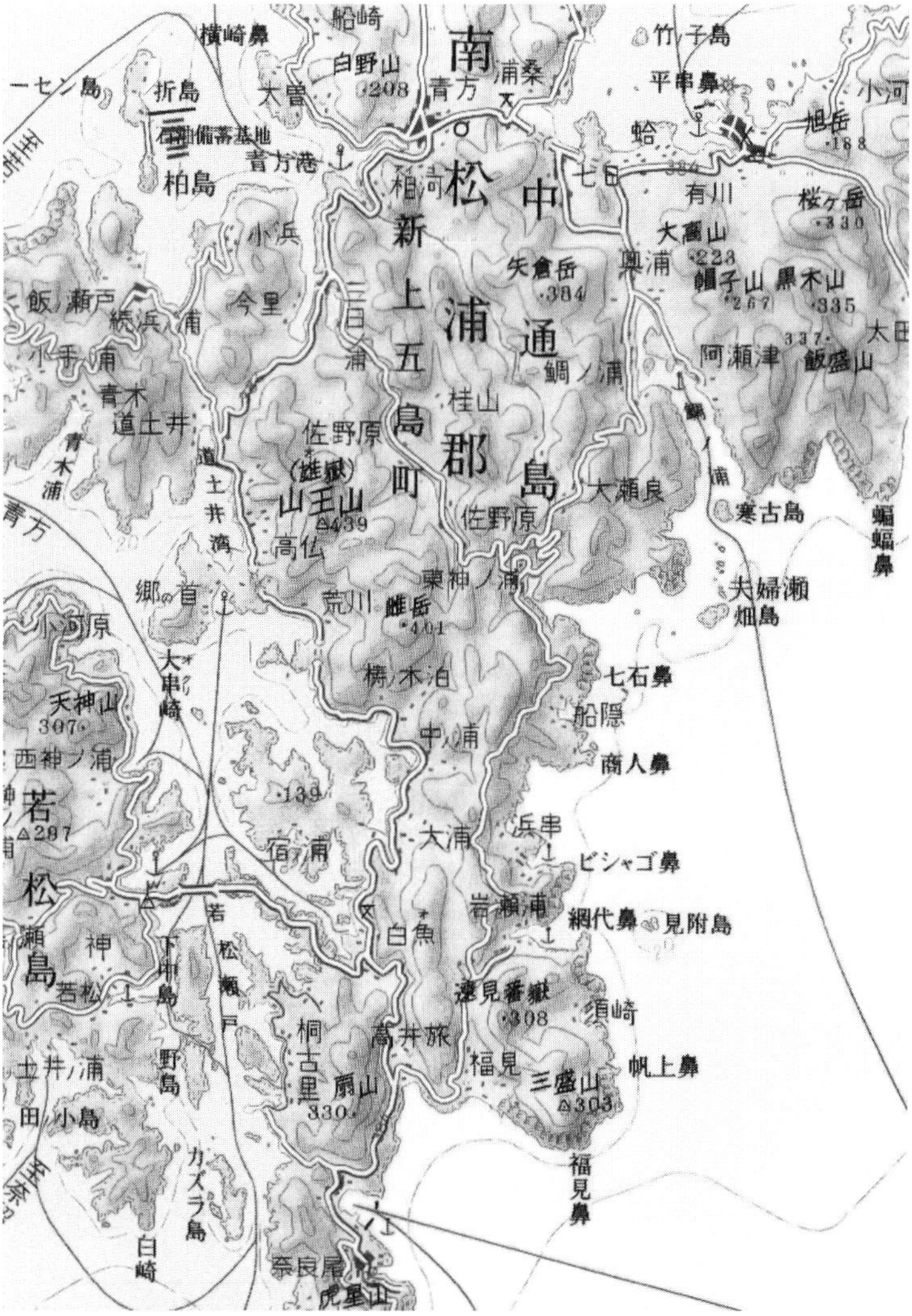

合併に際して「新」をつけた新上五島町。合併前の旧上五島町とあえて区別したらしい。1:200,000「長崎」平成 17 年（2005）修正

は浜坂の方に置かれた。

対等合併における新町名の決定はこのように一筋縄ではいかない。過去に存在した「新」のつく自治体を眺めてみると、やはり合併する旧町村の名前を避けようとする経緯が窺われるものが目につく。前述の新上五島町となった新魚目町（昭和三一年合併）もやはり魚目村と北魚目村であったし、秋田県に一一年だけ存在した新刈和野村（明治二二年村制）も刈和野村と峯吉川村の合併で、こちらは峯吉川村（現大仙市峰吉川）が分離独立して早々に消滅している。京都府乙訓《おとくに》郡にあった新神足《こうたり》村も、神足村とその他五村の合併であった（明治二二年村制、昭和二四年に長岡町の一部となって消滅・現長岡京市）。

平成の大合併で消えた「新」の村もある。福岡県築上《ちくじょう》郡の新吉富村は平成一七年（二〇〇五）の合併で上毛《こうげ》町となって消滅したが、こちらは昭和三〇年（一九五五）に西吉富村と南吉富村が合併して誕生した村である。その時点でなぜ「新」をつけたかといえば、隣接していた東吉富村が戦時中の昭和一七年（一九四二）に単独で町制施行、先に吉富町を名乗っていたためだ。

重複を避けるために新をつけた自治体には山口県の新南陽市がある。それぞれ山陽本線の駅が設けられた富田《とんだ》町と福川《ふくがわ》町が昭和二八年（一九五三）に合併した際に南陽町と名乗ったのだものだ。同四五年に市制施行する際には山形県にすでに南陽市（昭和四二年合併・市制）が存在したために新を冠している。しかし平成一五年（二〇〇三）には隣の徳山市などとの合併で周南市となって消滅した。

元々この富田と福川の二町は第二次大戦中の昭和一九年（一九四四）に海軍の意向により他の五町村とともに徳山市に編入されていたが、戦後の昭和二四年（一九四九）に両町は分離独立していた。五四年ぶりに徳山と一緒になったものの戦時合併時のように「徳山市」にはならず、周防の南を意味する周南市となっている。山陽本線では周防富田《すおうとんだ》駅が昭和五五年（一九八〇）に市名に合わせて新南陽駅となったがその後改称されていないので、今となってはこれが旧市名の記念碑的な存在だ。

中区・中央区ができるまで

日本では戦前から長らく「六大都市」と呼ばれてきた。東京・横浜・名古屋・京都・大阪・神戸の六つであるが、このうち二三の特別区からなる東京を除いた五市が、昭和三一年（一九五六）に最初に政令指定都市となっている。指定市には都道府県の権限の多くを委譲され、県とほぼ同格となった。現在の六〇代より下の世代では北九州市を入れた「七大都市」と習った記憶があると思うが、昭和四七年（一九七二）四月一日には冬季オリンピック開催直後の札幌と川崎・福岡の計三市が加わって一〇大都市となった（「七大都市」「十大都市」は東京都二三区を含むので指定市は九）。

長らく人口要件がおおむね一〇〇万人という目安があったが、平成の大合併の頃から政令指定都市の人口要件（運用基準）が七〇万人に緩和されたため、今世紀に入ってからの増え方が目立つ。七〇万人という数字は新規に指定市となった静岡市の人口で、法的には現在「五〇万人以上」となっている。その静岡市は清水市と合併した二年後の平成一七年（二〇〇五）に政令指定都市となり、翌一八年には大阪府堺市が続いた。

さらに同一九年には新潟市が仲間入りするが、周辺の新津・白根《しろね》・豊栄《とよさか》の三市を含む計一二市町村を編入した大合併であった。同年に指定市となった浜松市は一一市町村の編入合併で、北は佐久間ダムから遠州灘までをカバーする約一五五八平方キロの広域で、これは香川県や大阪府の約八割に相当するほどの面積である。もちろん全政令指定都市では最大となった。

平成二一年（二〇〇九）には岡山市、同二二年には神奈川県相模原市という具合に、毎年のように政令指定都市が誕生している。最も新しいのが平成二四年（二〇一二）の熊本市で、これにより現在の政令指定都市は二〇にまで増加した。東京都二三特別区を含めると国民の三割は「区民」ということになる。とはいえ指定市の著しい拡大により、その領域には三〇〇〇メートル級の高山帯から漁村までが広範に含まれるようになった。

さて、区名については神戸市兵庫区や横浜市保土ヶ谷区のような歴史的地名を採用する例も少なくないが、多方面に「配慮」が求められる昨今では特定の地名に由来する区名は付けにくい。そのため東西南北や中、中央といった命名が目立つようになってきた。

区に東西南北を最初に付けたのがどこかといえば、大阪である。まだ明治二二年（一八八九）の市制施行以前の郡区町村編制法の時代で、大阪府に明治一二年（一八七九）に設けられた四区、すなわち東区・南区・西区・北区が最初だ。ちなみに東京府では日本橋区や牛込区、浅草区など旧一五区のすべてが地名由来であった。その後に市制施行を経て明治四一年（一九〇八）に名古屋市が区制施行した際に中・東・西・南の四区を設置している。大阪市と違って北区の代わりに中区が設定されているのは、名古屋市の方が都心が明確で命名がしやすかったからだろう。今となっては全国に数多い「中区」のさきがけは名古屋市だったのである。現在では横浜・浜松・名古屋・堺・岡山・広島の六市に「中区」がある。

これに対して「中央区」は、札幌・さいたま・千葉・東京・相模原・新潟・大阪・神戸・福岡・熊本の一〇市とさらに多いが、名称としては意外に新しく、昭和二二年（一九四七）の東京都中央区が最初だ。日本橋区と京橋区を統合したものだが、その後は昭和四七年（一九七二）に札幌・福岡の都心部に採用され、その後に急増した。興味深いのは、このうち神戸と大阪の「中央区」がいずれも合区で誕生したという点だ。神戸市中央区は昭和五五年（一九八〇）に生田区と葺合《ふきあい》区が、大阪市中央区は平成元年（一九八九）に東区と南区が合区して誕生した。「ここが都心部です」という中央志向も感じられるが、これら都心部で合区するのであれば、もはや他に選択肢がなかったのかもしれない。

最近の指定市でも中区・中央区の命名は行われているが、ちょっと風向きの変化を感じさせたのが堺市と岡山市の中区だ。従来は中区といえば「都心部の区」というのが暗黙の了解だったのだが、この両市ではどちらも都心（旧市街）からは明らかに離れている。堺市は「市域全体から見てまん中」を意味するようで、具体的には旧市街のだいぶ南にある泉北《せんぼく》ニュータウンがその区域である。また、岡山市は都心部が北区とされ、そこから旭川を挟んだ東側に中区を置いた。さらにその東には旧西大寺市域を中心とする東区があるので、東西のまん中という位

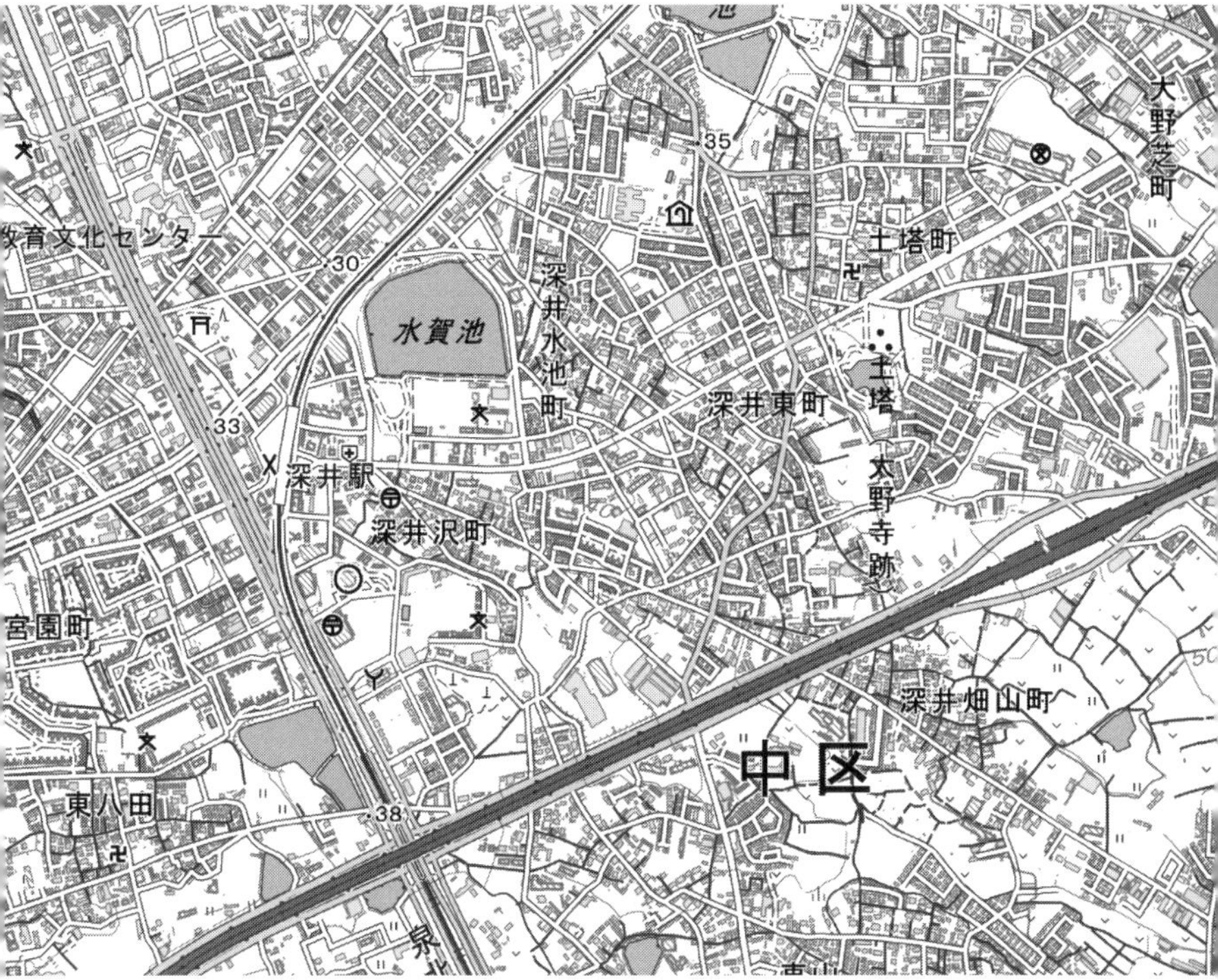

「中区」といえば長らく都心部を指したが、昨今では異なる位置づけも。大阪府堺市中区は堺旧市街（堺区）の南郊にある。中区役所は図中の深井駅近く。「地理院地図」令和２年（2020）９月30日ダウンロード

置付けで中区になったのだろう。

ついでながら、横浜の中区に対して西区は確かに西側にある。中心部たる中区から昭和一九年（一九四四）に分区されたものだが、全体から見れば明らかに東寄りだ。東西南北はあくまで相対的な概念なので、市域の変動などで実態と離れることもある。

上と下がつく市町村

頭に上下の文字がつく地名がある。たとえば駅名なら、中央本線の上諏訪と下諏訪（長野県）、山陰本線の下夜久野《やくの》と上夜久野（京都府）、東武日光線の下今市と上今市（栃木県）など隣り合っていて印象に残る。東武東上線の下板橋—中板橋—上板橋、西武新宿線の下井草—上井草のように上下の間に他の駅が入る場合もあり、場合によっては小田急線・京王井の頭線の下北沢と京王線の上北沢のように別の線に存在することもある。

これらの駅名が上諏訪—下諏訪を除けば下が先に来ているのは、たまたま下り方向で列挙したからだ。つまり「起点となる都市」はおおむね下流側にあり、下り方向へ行くに従って標高が高くなるのが一般的だからである。上諏訪—下諏訪が例外的に上が先なのは、たまたまこの区間の下り列車が天竜川の上流側から下流側へ水系を下っていくためだ。

京都に近い方が「上」で遠い方が「下」という誤解が世の中には広まっているが、それが該当するのはかなりの広域地名に限られ、基本的には川の上流・下流すなわち標高に従って命名される。例外はたとえば上総《かずさ》国と下総《しもうさ》国のように「国レベル」のスケールの大きな地名で、この場合はたしかに京都に近い方が上総になっている。現在では京都から陸路で房総半島を目指す場合、東京駅から総武線でまず下総（千葉駅など）に入り、木更津方面の上総へ進むのが近道だが、古代には武蔵国の最南端（現横浜市金沢区）から海を渡って上総へ上陸する経路なので上総の方が京に近かった。同じ広域地名でも郡は微妙で、上流・下流の明確な場合はそれに従い、海沿いに流域をまたいで広がるエリアを持つ郡（たとえば富山県の上〔廃止〕・中・下新川《にいかわ》郡）は、街道の京に近い方を「上」とするなど場合によりけりである。

平成の大合併で自治体数が半減近くになったこともあり、現在では「上下付き」の市区町村は少なくなった。上下ペアで存在しているものは行政区を含めてわずか三組に過ぎない。このうち奈良県の南東部にある上北山村と下北山村は、いずれも熊野川最大の支流である北山川の流域にあり、全域すべて深山幽谷である。一帯は古くから北山郷と呼ばれ、明治二二年（一八八九）の町村制施行時に上流部の四村が合併して上北山村、下流部の一〇村が合併して下北山村と、流域の上下で村名を分けた典型的な例だ。下北山村からさらに北山川を下ると和歌山県の飛地と三重県の境界に重なるが、その飛地が北山村である。ここは全国でただ一つ、村全体が飛地だ。

上下を名乗る市区町村が隣接しているのは全国でもここだけだが、少しだけ離れた例を含めれば京都市の上京区と下京区がある。御所のある方が上京であるが、京都市街が載った鴨川扇状地の標高が高い方でもある。両者の間には中京区が入っているが、実はこの区が「割り込んで」きたのは昭和四年（一九二九）と比較的新しく、それ以前は上京区と下京区が三条通の付近で境を接していた。中京区は両区を少しずつ割いてまん中に設置したものだ。上京・下京の呼称は応仁の乱があった一四世紀末から一五世紀初頭以来だそうで、さすがは古都である。

　上下揃いの最後が山口県の下関市と上関《かみのせき》町である。両者とも瀬戸内海に面しているので流域では上下を捉えられず、京都に近い方が上関、遠い方が下関だ。このうち上関は竈戸関《かまどのせき》が室町時代以降に上関と呼ばれるようになったもので、これに対して赤間関《あかまがせき》が下関となった。この市は明治二二年（一八八九）、山口県内で最初に市制施行されたもので、当初は赤間関市と称したが、古くから用いられてきた下関という通称に改め、明治三五年（一九〇二）に正式に下関市となった。ちなみに明治二二年中に市制施行された三九市のうち名称が変更されたのはこれだけである。

下京区蛸薬師通堺町東入雁金町の表示板（今は少なくなった仁丹広告つき）。現在は中京区なので、この琺瑯看板は昭和4年（1929）に中京区が誕生する以前に設置されたらしい。平成26年（2014）9月21日撮影

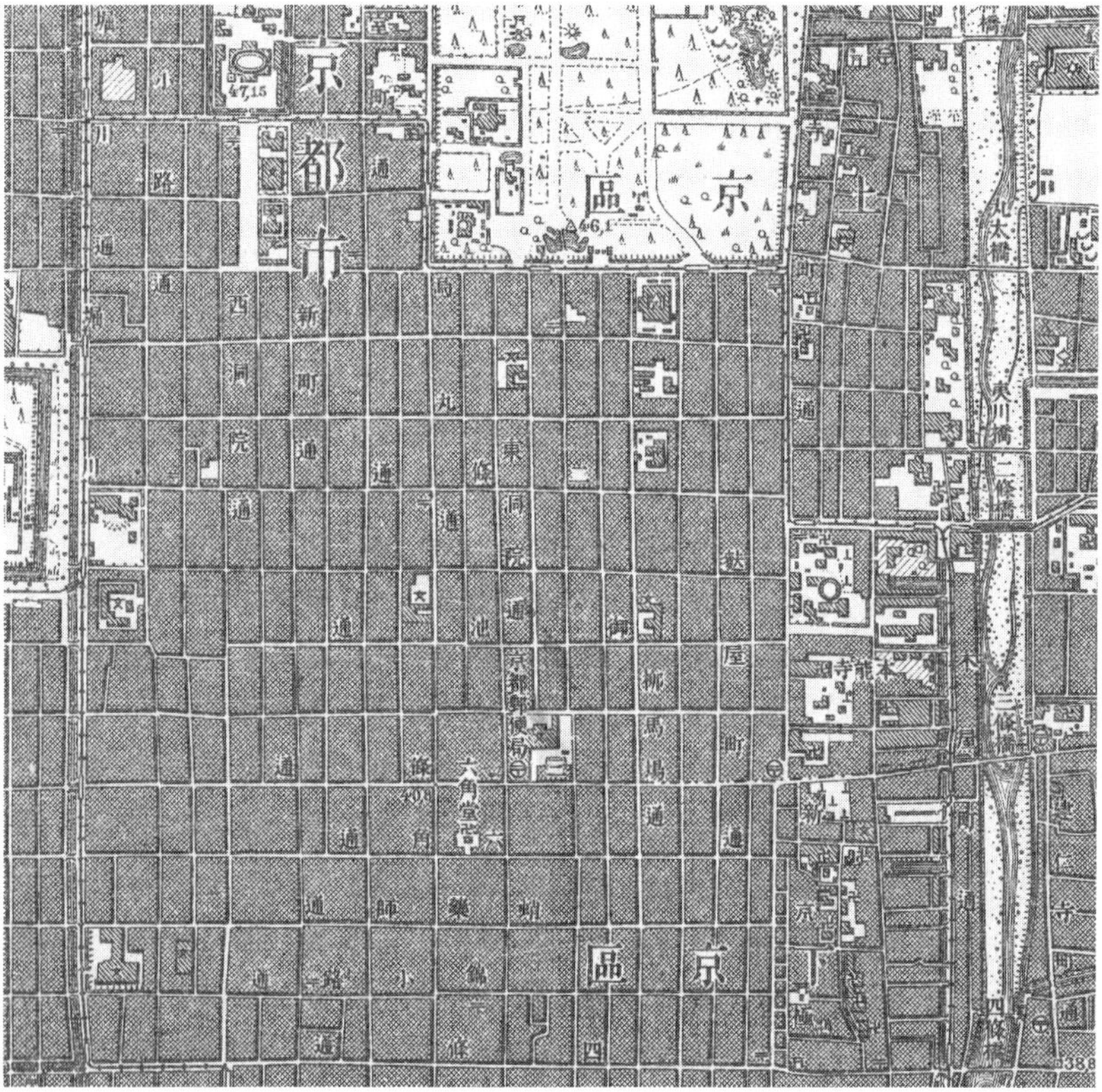

かつては上京区と中京区の２区だった京都市。上下の境界線は三条通付近であった。中京区がここに割って入るのは昭和４年（1929）のこと。1:20,000「京都北部」明治 42 年（1909）測図

少しでも上に立ちたい「本能」のためか、「下」は意図的に外されることもあり、市制施行や合併などの機に「下」を削除するケースは少なくない。たとえば北海道富良野《ふらの》市は、もともと富良野盆地一帯が広大な富良野村であったが、開拓の進捗に伴って明治三六年（一九〇三）に上富良野村と下富良野村に分かれた。下富良野村には下富良野駅（現富良野駅）、上富良野村には上富良野駅が設置されている。

そこまでは「教科書通り」だが、滝川～下富良野に現在の根室本線が開通してから下富良野は結節点として大いに発展、大正八年（一九一九）の町制施行を機に「下」を外して富良野町と改めた。駅名も遅ればせながら昭和一七年（一九四二）に富良野駅と改称、昭和四一年（一九六六）には町も山部町と合併して市制施行、富良野市となっている。

一方、長野県の旧上諏訪町は昭和一六年（一九四一）の市制施行時に隣接二村と合併して諏訪市となった。上が外れた事例であるが、駅名は「上諏訪」で今も変わらない。

自治体の話ではないが、逆に町名から「下」が外されたのに駅名が下を大事に付けたままにしているのが、東京都世田谷区の下北沢駅（小田急小田原線・京王井の頭線）である。小田急線に駅が設置された昭和二年（一九二七）には荏原郡世田谷町大字下北沢であった。ところが五年後に東京市内に編入された際に「下」が嫌われたのか世田谷区「北沢」に改称されている。駅名はその後もずっと旧名を貫いているが、今となっては知名度の高い「シモキタ」であるから、今さら変更はできないだろう。

冠つきの市町村名

陸前高田《たかた》市・大和高田《たかだ》市・安芸高田《たかた》市・豊後高田《たかだ》市。いずれも高田という地名に旧国名を冠したものである。市が誕生したのは大和高田市が昭和二三年（一九四八）、陸前と豊後がどちらも昭和二九年（一九五四）、安芸高田市はずっと新しくて平成一六年（二〇〇四）だ。以前は陸前高田市が岩手県気仙《けせん》郡高田町（ほか七町村）、大和高田市が奈良県北葛《かつら》城《ぎ》郡高田町、豊後高田市が大分県西国東《くにさき》郡高田町であった。この三市が生まれる前、新潟県にはすでに明治四四年（一九一一）に市制施行した高田市（現上越市）が存在したため、混同を避けるために国名を付けたものである。安芸高田市だけは「本家」の高田市が昭和四六年（一九七一）の合併で消えてから三四年も経ったのに国名を冠したのは、他の「高田兄弟」に気兼ねしたのだろうか。

同一名称の町村は現在でも多くの例があるが、市だけは平成の大合併を迎えるまで、昭和二九年（一九五四）に市制施行した東京都府中市と広島県府中市を例外として、同一名称の市は回避されてきた。これは昭和四五年（一九七〇）三月一二日付（自治振第三二号）の自治事務

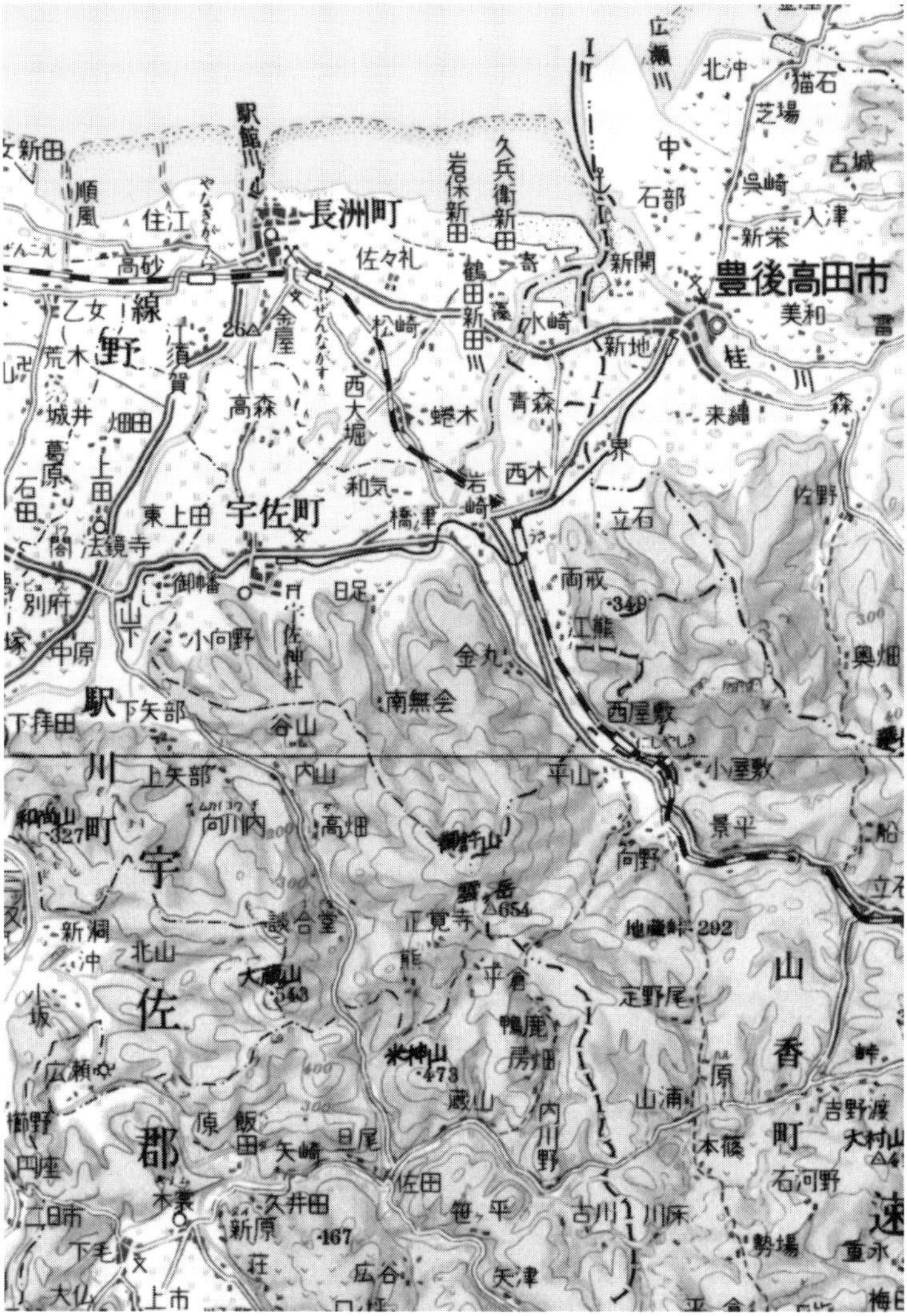

国名のついた豊後高田市。新潟県高田市（現上越市）との混同を避けるために豊後を冠した。1:200,000「中津」昭和 34 年（1959）修正

次官通知「新たに市となる普通地方公共団体の名称については、既存の市の名称と同一となり、又は類似することとならないよう十分配慮すること」に従ったものである。しかし国名付きの市名が出始めたのはそれよりずっと以前なので、それまでの「暗黙の了解」を明文化したに過ぎないようだ。

それでは同名回避のため最初に国名を冠した市はどこだろうか。調べてみると昭和一七年（一九四二）に大阪府泉北郡大津町が市制施行して誕生した泉大津市である。国名は正確には和泉《いずみ》国であるが「和泉大津市」としなかったのは、「和」の字が古代の「好字二字化」のために加えられた読まない字（黙字）であるためだろう。南海鉄道（現南海電鉄）の大津駅も翌年に泉大津と改められている。

国名付きの市が激増するのは「昭和の大合併」である。これは昭和二八年（一九五三）一〇月一日施行の町村合併促進法に伴うもので、同法が失効する昭和三一年九月三〇日までの間に市町村の数は九八六八から三九七五と半減以下になり、それに反比例して市の数が二八六から四九八に七割以上の増加を示した背景があるだろう。市が増えれば同名を回避する場面も当然ながら増える。

昭和の大合併で最初にこれを適用したのが奈良県の大和郡山市である。昭和二九年（一九五四）一月一日に奈良県生駒郡郡山町が名称変更して市制施行した。福島県郡山市（大正一三年市制）との同名を避けたものであるが、不思議なことに現在でも東北本線と関西本線の駅名は両者とも「郡山」である。国名を付けて同名を回避する方式はむしろ国鉄が主に大正時代から行ってきた。鉄道網が全国的に広がると同名の駅は混乱のもととなるからで、新規開業はもちろん、当時すでに同名であった駅にも適用している。

たとえば大正五年（一九一六）一月一日に全国に四つあった「一ノ宮駅」をそれぞれ尾張一ノ宮（現尾張一宮。愛知県・東海道本線）、三河一宮（愛知県・豊川鉄道＝現ＪＲ飯田線）、長門一ノ宮（現新下関。山口県・山陽本線）、上総一ノ宮（千葉県・房総線＝現ＪＲ外房線）に改称している。それに対して郡山駅がなぜ今日に至るまでどちらも国名を付けていないのかはわからない。

市名に戻ろう。昭和二九年（一九五四）には三月三一日に滋賀県蒲生郡八幡《はちまん》町が近江八幡市となったが、現在では北九州市（八幡東区・八幡西区）となった八幡《やはた》市との区別のためである。それとは別に京都府綴喜《つづき》郡八幡《やわた》町は昭和五二年（一九七七）に八幡市となった。八幡市が北九州市となって消えた後で問題なかったのだろう。「八幡」の読みはこちらのヤワタの他に製鉄所のヤハタ、近江のハチマンと主に三種類ある。京阪電鉄では八幡町駅を八幡市駅と変更したが、令和元年（二〇一九）には石清水八幡宮駅に改めている。実は昭和一四年に八幡を石清水八幡宮前に改称、これが昭和二二年（一九四七）の大晦日まで続いたので、旧名に復したようなものである（現駅名は「前」がない）。

昭和二九年（一九五四）に話を戻すと、四月一日には岐阜県加茂郡太田町が美濃加茂市になった。これは新潟県加茂町が約三週間早い同年三月一〇日に市制施行したための冠称で、もう少し市制が早ければ岐阜県の方が加茂市、新潟県は「越後加茂市」になっていた可能性もある。四月一日に市制施行した河内長野市（旧大阪府南河内郡長野町）はもちろん善光寺のある信州の町との重複回避だ。

同年五月一〇日には大分県西国東郡高田町が豊後高田市になった。七月一五日には茨城県久慈郡太田町が周囲の六村を編入して市制施行で常陸太田市（群馬県太田市と区別）、八月一日には高知県幡多《はた》郡清水町ほか三町が合併して土佐清水市（静岡県清水市＝現静岡市清水区と区別）、一一月一日には愛媛県宇摩《うま》郡三島町ほか五町村が合併して伊予三島市（現四国中央市。静岡県三島市と区別）、翌三〇年一月一日には岩手県気仙郡高田町ほか七町村が合併して陸前高田市が誕生した。同日には福島県若松市が、周辺の七村を編入して会津若松市となった。当時まだ福岡県若松市（現北九州市若松区）が存在したからだろうが、大合併なので心機一転を志したのかもしれない。

この時期に激増した国名付きの市ではあるが、最近では一段落しているようだ。その後は東松山市や東久留米市のような方角付き、もしくは茨城県鹿島町が「常陸鹿島市」ではなく鹿嶋市と字を変えることで佐賀県鹿島市と区別したり、大阪府南河内郡狭山町が「河内狭山市」ではなく大阪狭山市、京都府綴喜《つづき》郡田辺町が京田辺市となるなど、国ではなく都道府県名を意識したものも目立っている。「京都ブランド」は愛されているようで、その後も京丹後市（峰山町・大宮町・網野町ほか三町、平成一六年）、京丹波町（丹波町・瑞穂町・和知《わち》町、同一七年）と続いた。さらに平成の大合併では前述の「次官通知」が効力停止したのか、北海道伊達市と同名の福島県伊達市も出現している。沖縄県で誕生しそうだった「宮古市」は、岩手県宮古市が難色を示したために宮古島市で解決した。今後は当事者間の話し合いに委ねられるのだろうか。

大阪府と奈良県の府県境近くにある京都府綴喜郡田辺町が平成９年（1997）に市政施行・改称して「京田辺市」となった。令和２年（2020）10月12日加除出版撮影

現在の市名「京田辺市」と旧町名「田辺町」、また、近鉄京都線の「新田辺駅」の名称が今も混在する京田辺市役所前にある案内板。令和２年（2020）10月12日加除出版撮影

現佐賀県多久市には多久村・東多久村・西多久村・南多久村・北多久村が勢揃いしていた。昭和 29 年（1954）にこの５村が合併して多久市が誕生。
1:200,000「熊本」昭和６年（1931）鉄道補入

歴史的地名リバイバル

古代の郡名を復活させた自治体名

平成一八年（二〇〇六）三月二七日、福岡県山田市と嘉穂郡の嘉穂《かほ》町・碓井町・稲築《いなつき》町の三町が合併して嘉麻《かま》市が誕生した。山田市とその周辺の小さな町という印象があるかもしれないが、合併した年の元日現在の山田市の人口はわずか一万一〇〇七人と日本全国の市の中でも最少クラスで、飯塚市に近い稲築町の一万九一二八人よりはるかに少なかった。

市にもかかわらずここまで激減したところは全国でもほぼ炭鉱町に限られている。山田市も筑豊炭田の典型的な炭鉱都市であった。いずこも似た経歴であるが、まず明治二七年（一八九四）の古河下山田《ふるかわしもやまだ》炭鉱、翌二八年の三菱上山田炭鉱をはじめとする大炭鉱の開発で急激な人口増加を経験している。山田市の前身にあたる熊田村（熊ヶ畑《くまがはた》＋山田の合成地名）は村制施行時にわずか二七八戸、一四〇八人を数えるのみであったが、その後は炭鉱町として人口も急増、大正一三年（一九二四）に町制施行した時にはすでに一〇倍の一・四万人を超えていた。翌一四年には山田町と改称するが、昭和一五年（一九四〇）一〇月一日の人口はすでに三万一九八六人と町制施行時の倍以上に増えている。稲築町は三万八一三四人とさらに多かった。

昭和二九年（一九五四）には人口三・八万を擁する山田市が誕生したものの、皮肉なことにこのあたりがピークに近く、その後は閉山が相次いで人口は激減していく。遠賀《おんが》川筋の最も上流部にあたって福岡市や北九州市という大都市から距離があり、かつ平地も乏しいため、北海道の夕張市などと同様に「他の道」で身を立てていくのも難しい状況に追い込まれていった。

昭和四二年（一九六七）発行の『日本地名大事典』第一巻（朝倉書店）でも「昭和三二年当時、大小二二の炭鉱から年間九〇万トン余の石炭を出していたのが、同四一年現在は古河下山田（月産一・八万トン）ほか中小三鉱（同七八七〇トン）を残して他は離職者を多発して全部閉山し人口も同三四年六月の三万九五〇〇人をピークとして急激かつ大幅に減少し、市制返上の話まで出ている」と、閉山が相次いだ当時の厳しい状況を記している。

その後はこの時に残っていた古河はもちろん中小三鉱も閉山、まだ二万人を上回っていた人口も冒頭に記した一・一万人にまで減少したが市制返上はせず（これまで日本で市制を「返上」した市はない）、周辺三町との合併で市の面目をなんとか保った形である。

さて、合併で選ばれた嘉麻市の名は、当初は聞き慣れない人が多かったかもしれないが、これは古代から存在した嘉麻郡（鎌郡・嘉摩郡の表記も）の名を採用したものである。この郡の知名度が低いのは明治二九年（一八九六）に行われた全国レベルの郡の統廃合のためだ。この時に嘉麻郡が西隣の穂波《ほなみ》郡（現飯塚市が中心）と合併することになり、嘉麻・穂波の頭文字をつないで嘉穂郡という合成の郡名が作られた。嘉麻市が出現したのは平成一八年（二〇〇六）

だから、実に一一〇年ぶりの復活となった。市と町村が合併する時は市名を継続させることが多く、そうでなくてもその時点での郡名を選ぶのが一般的なのだが、たまたま合併する中に嘉穂町があったため、「嘉穂市」とはしにくかった事情もあるのだろう。いずれにせよ一度は消えた歴史的地名が復活したのは喜ばしいことである。

福岡県の東端でも郡名が復活した。平成一七年（二〇〇五）に二村合併で誕生した上毛《こうげ》町である。上毛郡は隣の大分県下毛《しもげ》郡とペアを成していて、元は御木または三毛と称した地域だ。上下に分かれる場合は本来なら「上三毛《かみつみけ》」となるところ、古代では「国・郡・郷の名はすべて二字で表記する」という決まりがあったので上毛郡となった次第である。

時代は下って、同じ豊前国にもかかわらず下毛郡は大分県（中津市近辺）、上毛郡は福岡県と分かれてしまった。上下の境界は山国川である。嘉麻郡と同様に明治二九年（一八九六）の全国的な郡の統合で上毛郡は築城《ついき》郡と一緒になって頭文字を合成、築上《ちくじょう》郡となった。平成一八年（二〇〇六）には築上郡の椎田《しいだ》町と築城町が合併、郡名をとって築上町としたが、本来は築城・椎田（かつては築城郡椎田村）のいずれも旧築城郡なのだから、「築城町」とすればエリアも復元できて最善であった。そうすれば築城・上毛という古代の二つの郡名がきちんと復元されるところであったが、よくあるように「合併に際して既存の名称は使わない」と縛りをかけたのだろう。惜しいことである。

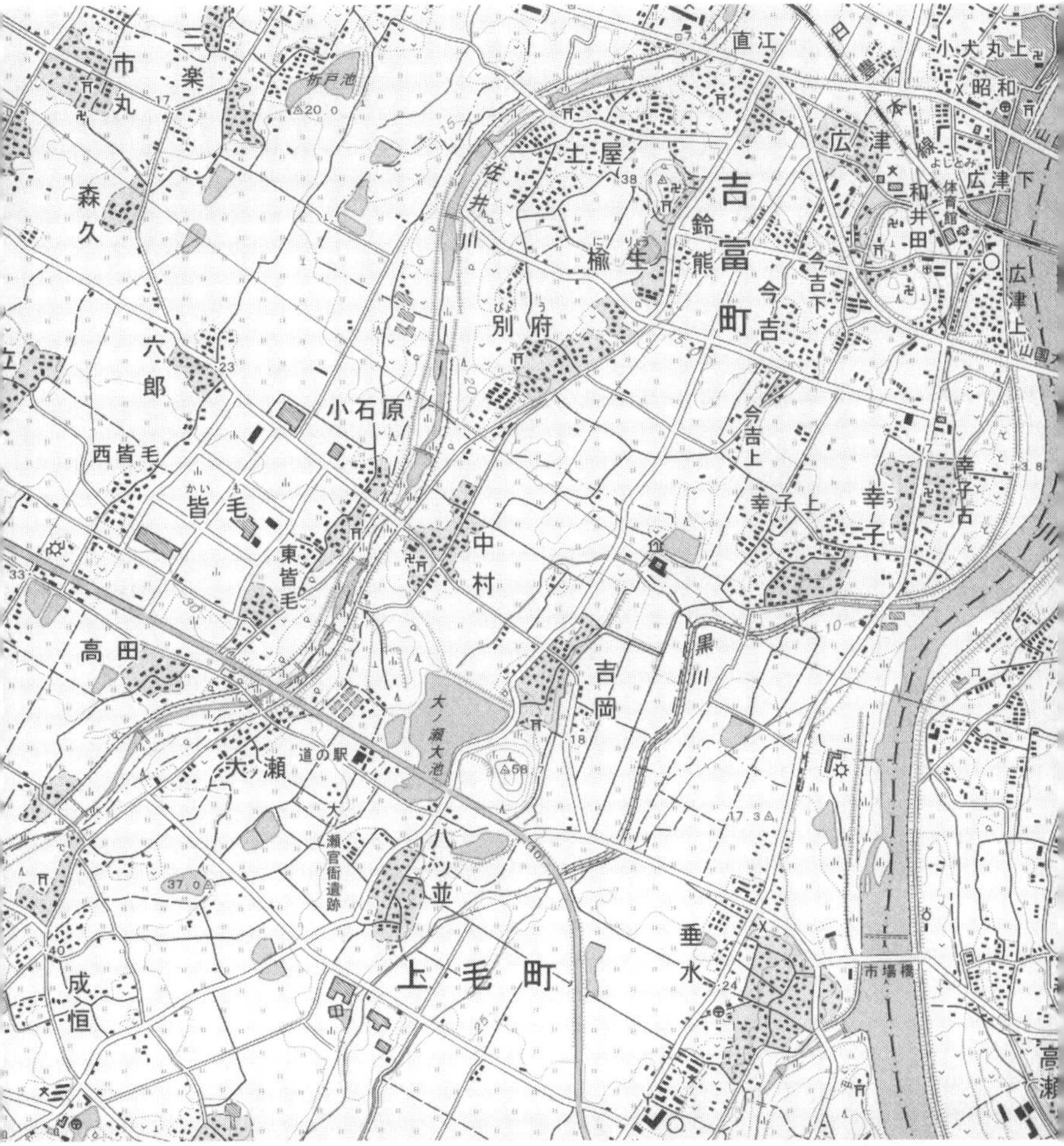

福岡県上毛（こうげ）町。上毛郡は明治29年（1896）に郡の統廃合で築上郡となって消滅したが、平成17年（2005）に大平村と新吉富村が合併した際、実に109年ぶりに郡名を復活させて新町名とした。1:25,000「中津」平成19年（2007）更新

全国に分布するナカ郡とカモ郡

「金比羅《こんぴら》船々」は誰もが耳にしたことのある歌だろう。この一節に「まわれば　四国は　讃州《さんしゅう》那珂の郡《ごおり》象頭山《ぞうずさん》　金比羅大権現」というくだりがある。讃州那珂の郡というのは讃岐国、後の香川県那珂郡を指すが、明治三二年（一八九九）に郡の統合で多度郡と一緒になって仲多度郡となったため現存しない。

かつて全国にはナカ郡と称する郡が多かった。現存するものは神奈川県中郡（大磯町など）、茨城県那珂郡（東海村のみ）、徳島県那賀郡（那賀町のみ）だけとなったが、平成の大合併期の平成一七年（二〇〇五）までは島根県に那賀郡、同一八年までは和歌山県にも那賀郡があり、さらに明治期まで遡ればさらに数か所のナカ郡があった。宮崎県にもつい最近の平成二一年（二〇〇九）まで南那珂郡（北郷町・南郷町）があったが、こちらは明治一七年（一八九四）に那珂郡が南北に分割された南側である。

明治期に消えたナカ郡を挙げてみると、まず静岡県の西伊豆にあった那賀郡。こちらは明治二九年（一八九六）に郡の合併で賀茂郡の一部となっており、福岡県の那珂郡も同年に筑紫《ちくし》郡の一部となった。こちらは福岡市内を流れる同名の那珂川流域にあった郡である。埼玉県北部の那珂郡（以前は那賀郡とも）も同年に郡の合併で児玉郡の一部となった。この時に賀美郡（古くは加美郡）も同時に児玉郡となったが、那珂郡の「中」に対して「上」を意味すると解釈されている。これらのナカ郡はいずれも古代からの歴史を持っているが、八世紀の「好字二字令」で本来の「中」に那珂や那賀、上に賀美や加美の字が当てられた影響であろう。

一文字の中郡は好字二字令の縛りがなくなった時代に発足したもので、比較的新しい。京都府の中郡はかつて丹後国の五郡あったうちのひとつで、もとは丹波郡と称していた。隣の丹波国でないところが興味深いが、もともと丹後国は和銅六年（七一三）に丹波国から加佐・与佐・丹波・竹野・熊野の五郡を割いて置かれたものであるから、もともと「丹波」だったエリアが丹後国に転じてしまったので紛らわしくなり、それで中郡と称するようになったのだろう。戦国時代の『丹後国御檀家帳』（京丹後市史編さん委員会〈編集〉）に「中郡、たんばの郡とも申《もうす》」とあるのが初出とのことで、この頃からすでに丹波郡と呼ばれることが少なくなっていたようだ。京都府中郡は平成一六年（二〇〇四）に郡内の峰山町・大宮町が合併で京丹後市となって消滅している。

神奈川県の中郡も古代の「好字二字」の影響が薄らいだ戦国時代に淘綾《ゆるぎ》郡（古くは余綾郡と表記）と大住郡、愛甲郡を合わせて中郡と称したものだ。当時の相模国は他に東郡、西郡、三浦郡の併せて四郡だけの大雑把な区分になっていたが、近世になって古代の淘綾郡、大住郡な

丹後国―丹後半島のまん中に位置していた中郡。現在は京丹後市内となっている。
1:200,000「宮津」昭和58年（1983）編集

どが復活したようだ。中郡はこれに伴って呼ばれなくなったが、明治二九年（一八九六）に淘綾郡と大住郡が合併、ほぼ二五〇年ぶりに中郡の呼称が復活した（戦国期に含まれていた愛甲郡は復活時に除外）。現在では大磯町と二宮町なので相模国の中央という印象ではないが、かつては平塚市域も郡内だった。

カモという名の郡も意外に多い。表記は賀茂郡と加茂郡の二通りで、いずれも古代からの郡名である。このうち最初になくなったのが播磨国（兵庫県）の賀茂郡だ。現在の加西市、加東市、それに小野市などのエリアである。加西・加東の市名から類推できる通り、平安時代の末期に賀茂（加茂）郡の東西を意味する加西郡と加東郡に分割され、その後は合併による市制・町制施行で加西市（昭和三〇年の合併当初は加西町）と加東市（平成一八年合併・市制）が誕生した。

新潟県加茂郡は佐渡三郡（雑太《さわた》・加茂《かも》・羽茂《はもち》）のうちであったが、明治二九年（一八九六）に全島が佐渡郡に統合されて消滅している（現在は全域が佐渡市）。愛知県の加茂郡は明治一一年（一八七八）に東西に分かれたが、このうち東加茂郡は平成一七年（二〇〇五）に残っていた四町村が全部豊田市域となり、また西加茂郡も平成二二年（二〇一〇）に三好町が市制施行、みよし市となったため消滅した。広島県賀茂郡も平成一七年（二〇〇五）に東広島市や三原市の一部となって消えている。

全国に分布していたカモ郡も現在では静岡県と岐阜県だけで、静岡県賀茂郡は明治二九年

（一八九六）の統廃合で伊豆国の四郡を二郡にまとめた際に拡大し、現在は伊豆半島唯一の郡となっている。岐阜県加茂郡は今も七町村が現存しており、かつて中心だった太田町は郡名をとって美濃加茂市を名乗っている。

カモの郡名については、先進的な製鉄技術者集団であった「カモ族」の存在が取り沙汰されているが、古い時代のことなのではっきりしたことは不明だ。

郡名を採用した市は多い

長野県のまん中に位置する松本から北側に広がる盆地は、学校地図帳には「松本盆地」とあるが、地元では昔から安曇平《あづみだいら》または安曇野と呼んできた（範囲は必ずしも同じではない）。平成の大合併でも早速これが採用され、平成一七年（二〇〇五）に安曇野《あづみの》市が誕生している。南安曇郡に所属する明科町・豊科《とよしな》町・穂高町・三郷村・堀金村の五町村合併によるもので、郡名が「あずみ」であるのに対して新市名は「あづみ」とあえて旧仮名遣いとした。

平成17年（2005）に5町村が合併して誕生した長野県安曇野市。等々力は川の瀬音のとどろきを表したものか。令和2年（2020）8月1日撮影

この盆地一帯はずっと北の姫川流域（現白馬村など）も含む広大な安曇《あずみ》郡として平安時代の辞書『和名類聚抄』にも安曇郡として載っており、これが明治一二年（一八七九）に北安曇郡・南安曇郡に分割された。市名として長く定着してきた広域の自然地名を選ん

だもので、適切な選択だったのではないだろうか。

全国を見ると郡名を市名としているところは意外に多い。昨今は市制施行や合併によって郡そのものが少なくなっていること、またテレビや新聞で町村名を取り上げる場合に郡名を省略してしまう傾向もあって郡の認知度はどんどん下がっているので、ずっと昔から市名が中心部の地名と誤解されることも多いようだ。

郡名は古代からの領域であることも多く、多くが尾根や川などの自然物が境界となっているため生活圏を同じくすることによって文化圏や方言が一致する。そこで合併の際に郡名を採用するのが最も異論が出にくい選択なのだろう。同じ長野県内では佐久市も古くからの郡名を採った。エリアは大雑把に言えば南北が浅間山から八ヶ岳までの千曲川流域という広範囲に及ぶが、安曇郡と同様に明治一二年（一八七九）に南北に分かれ、北佐久郡の郡役所は中山道の宿場町であった岩村田町《いわむらだ》に置かれた。佐久市はその岩村田を含む北佐久郡浅間町と東村《ひがし》、南佐久郡の野沢町と中込町《なかごみ》が昭和三六年（一九六一）に合併したものである。平成九年（一九九七）には長野新幹線（現北陸新幹線）が開通、佐久平駅《だいら》が岩村田の至近距離に設置された。駅名も建設中の仮称は「佐久」で、小諸市の要望を容れて「佐久小諸駅」という案もあったが、結局は安曇野のように盆地名である佐久平に落ち着いた経緯がある。

長野県内で郡名に由来する市は、他にも諏訪市（諏訪郡）、伊那市（伊那郡―上伊那郡・下伊那郡）があるが、平成の大合併まで存在した更埴市《こうしょく》（昭和三四年市制）もそうだった。た

郡名を採用した市は多い

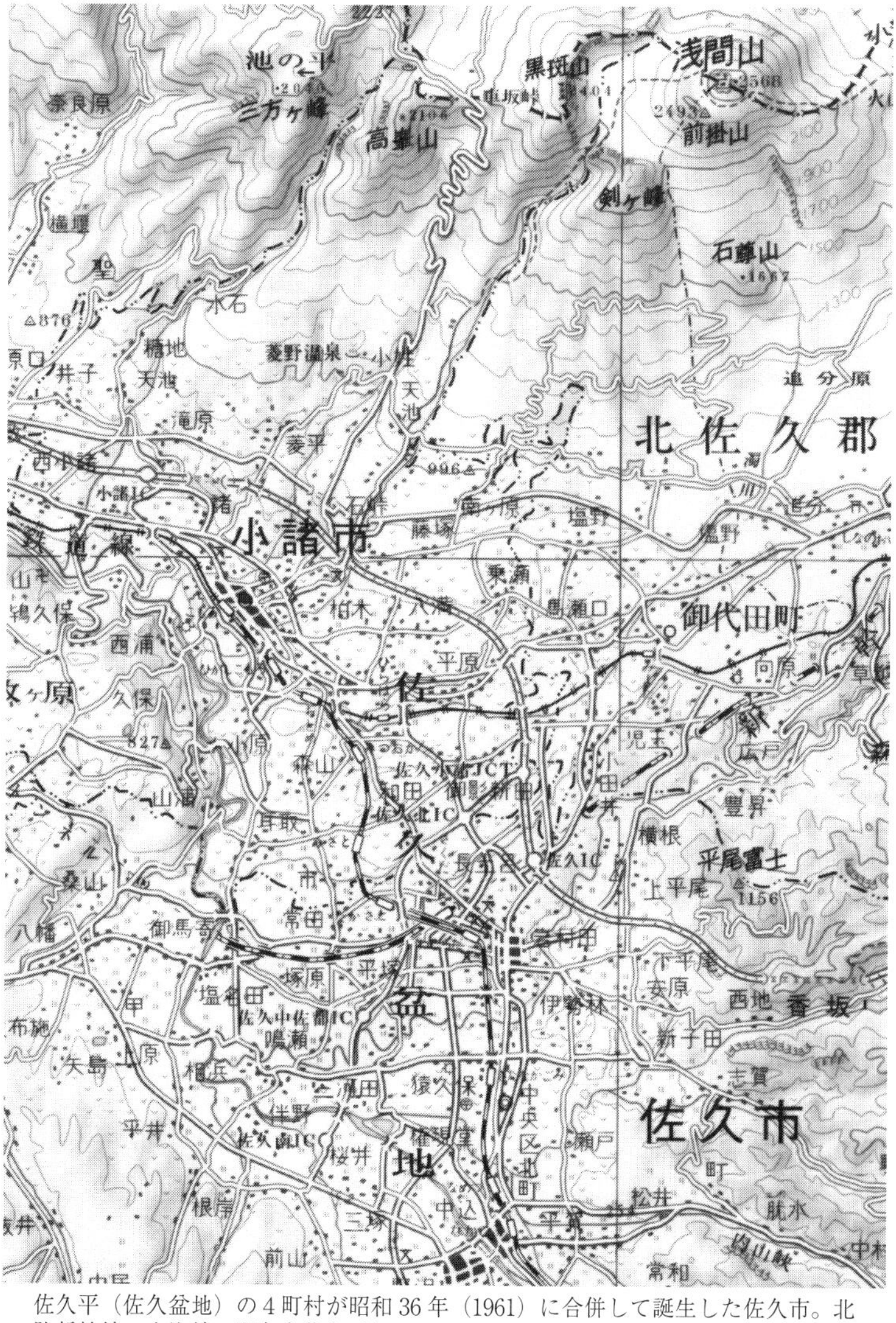

佐久平（佐久盆地）の4町村が昭和36年（1961）に合併して誕生した佐久市。北陸新幹線・小海線の駅名も佐久平となった。1:200,000「長野」平成23年（2011）要部修正

だしこちらは更級郡《さらしな》と埴科郡《はにしな》の郡の頭文字を繋いだもの。コウショクという発音が「好色」に通じるとして嫌われたという話も聞くが、戸倉町・上山田町と合併して平成一五年（二〇〇三）に千曲市《ちくま》となって消えた。

郡名に由来する市は他県にもあり、たとえば宮城県の名取市がある。昭和の大合併期にあたる昭和三〇年（一九五五）に誕生したもので、東北本線沿いの増田町と海沿いの閖上町《ゆりあげ》（東日本大震災では甚大な津波被害があった）ほか四村が合併した。東北本線の名取駅も、市制施行後に増田駅から改称したものである。

埼玉県秩父市も秩父郡に由来する市名で、中心市街は大正五年（一九一六）まで秩父郡大宮町であった。「大宮」は秩父神社のことで、その門前町として発達したが、県内にはたまたま北足立郡大宮町（その後の大宮市、現さいたま市）があって紛らわしいこと、またその二年前に秩父鉄道が「秩父駅」を開業したことも影響しているようだ。秩父鉄道も当然ながら大宮駅とするわけにはいかなかったのである。

山梨県山梨市は県名を採用したように見えるが、実は旧郡名（東山梨郡）に由来する。昭和二九年（一九五四）に日下部町《くさかべ》（山梨市駅は昭和三七年まで日下部駅）・加納岩町《かのいわ》ほか五村の合併で、東山梨郡役所が日下部にあったこともあり、適切な市名だったのではないだろうか。もちろん県名もこの郡名に由来する。ついでながら郡名に由来する県は他にも岩手・群馬・石川・三重・滋賀・香川・大分・宮崎など数多い。郡名であり旧国名でもある、という例が愛媛県伊予市だ。一帯は古くから伊予郡の中心地であり、純粋に旧国名をとった越前市や備前市とは異なる。

郡名は古代からのものだけではなく、明治に入って合併して変化したところも非常に多い。そのため小規模な旧国名は明治期にそのまま郡名になった例もある。たとえば三重県の志摩郡は明治二九年（一八九六）に志摩国の領域にあたる答志《とし》郡と英虞《あご》郡が合併した。このため平成の大合併で誕生した志摩市は郡名かつ国名でもある。逆に旧郡名を平成になって復活させたのが福岡県嘉麻《かま》市（山田市他三町）。これは一四三頁を参照いただきたい。

隣接した同名の郡・似た郡名のルーツ

東海道新幹線に岐阜羽島《はしま》という駅がある。最近でこそホテルやビルなども建ち並んでいるが、長らく田んぼのまん中の駅というイメージが強く、設置が決まった頃から「政治駅」などとささやかれてきた。そもそも新幹線ルートを決定する祭、岐阜県内に一駅という要望は根強かったものの、岐阜や大垣を経由すると遠回りになってしまうという悩みに加えて、名古屋駅ホームが用地買収の関係で二面しかとれず、伊吹山麓の豪雪地帯を控えて、運用の安全をみて米原との間にもう一駅が必須、というきわめて即物的な事情も重なっていた。そのあたりの調整に地元の政治家・大野伴睦代議士が関わったことにマスコミが食いついた、というのが「政治駅」の真相であろうか。

それはともかく、羽島という地名はどこから来たのであろうか。現在の駅の所在地は駅名と同じ岐阜県羽島市であるが、その中心市街はもともと竹鼻《たけはな》（竹ヶ鼻《たけがはな》）という町で、羽島市は昭和二九年（一九五四）にその竹ヶ鼻町が同じ羽島郡に属する九村と合併して誕生した際に、郡名を採用したものである。

さらに羽島郡について調べてみると、全国的に郡の再編成が行われた明治三〇年（一八九七）に羽栗《はぐり》郡と中島《なかしま》郡が合併、両者から一字ずつとって合成したものであることがわかる。岐阜羽島駅の所在地はこのうち羽栗郡のエリアで、もともと尾張国に所属していた。古代以来ずっと葉栗郡と表記していたが、天正一四年（一五八六）に起きた木曽川の大洪水で河道が大幅に変わった際、木曽川の右岸になった土地だけ尾張から美濃に所属を改め、羽栗郡と字を変えたのである。ちなみに中島郡も同様に木曽川で分断されて同時期に尾張・美濃に分かれたが、こちらは字を変えていない。

尾張の所属となった葉栗郡はもともと郡域が狭かったこともあり、合併や他市への編入などによって範囲は狭まり、対岸の岐阜県で羽島市が誕生した昭和二九年（一九五四）には木曽川町だけとなった。一郡一町はその後ほぼ半世紀続いたが、平成一七年（二〇〇五）には一宮市（一宮はもと中島郡）に編入され、これをもって古代から続いてきた葉栗郡は消滅した。ちなみに岐阜県羽島郡の方は岐南町と笠松町が残っている。合成地名・羽島の「島」であった愛知県中島郡も木曽川町と同年に祖父江《そぶえ》町・平和町がいずれも稲沢市に編入されて消えたので、結局は合成された羽島郡だけが残った形だ。

同じく美濃と尾張で共通の郡だったのが海部《あま》郡である。領域としては現在の岐阜・愛知の両県に跨がっているけれど、かつては郡の全域が尾張国に属しており、早くも平安時代末期には海東《かいとう》郡と海西《かいさい》郡に分かれた。その後は葉栗郡とほぼ同時期の天正一七年（一五八九）頃にやは

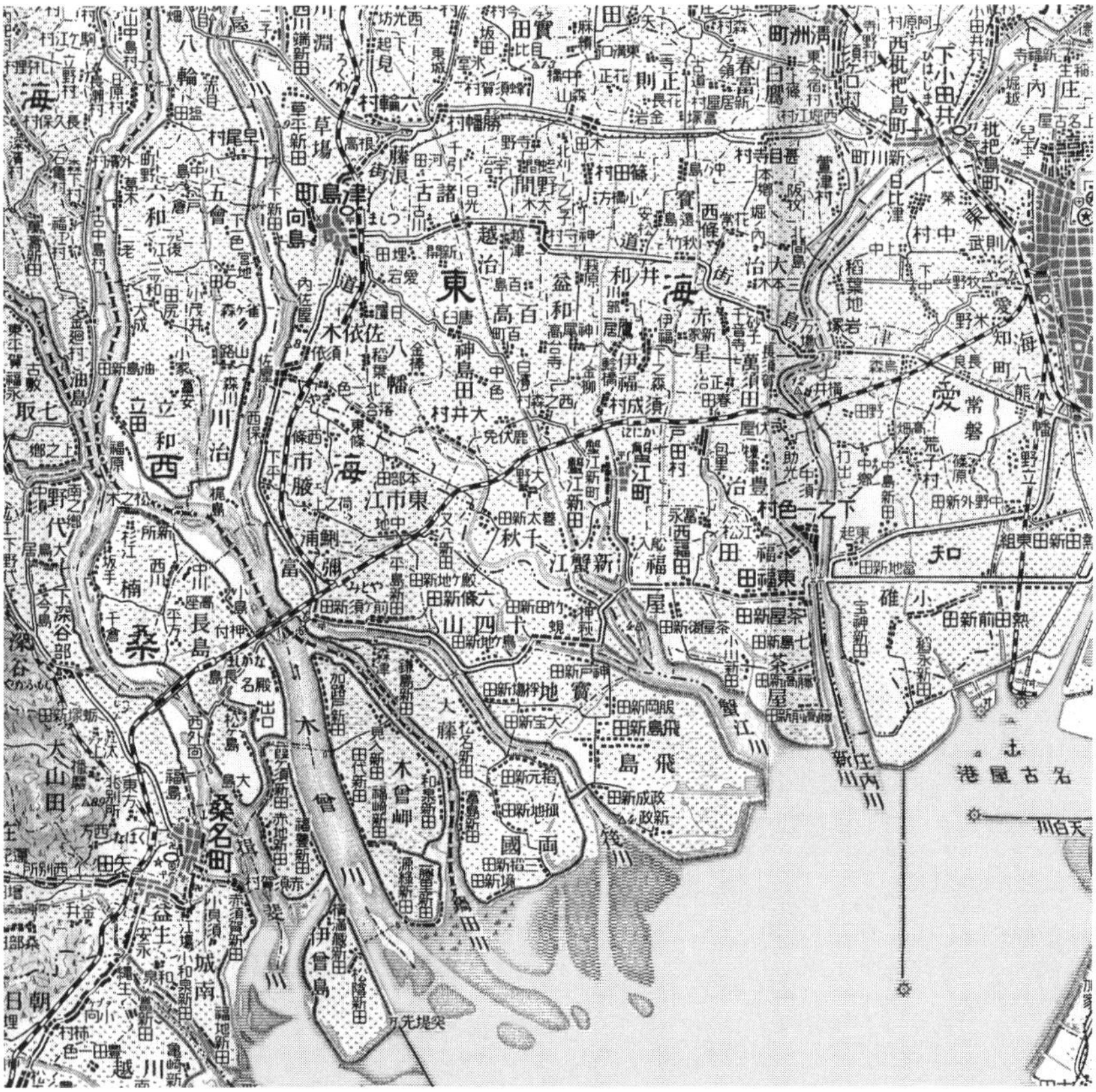

全国に分布する海部郡。尾張国では平安末期に海東郡と海西郡に分割、大正２年（1913）に海部郡として再統一された。図ではまだ東西に分かれている。1:200,000「名古屋」大正 12 年（1923）鉄道補入（鉄道以外はおおむね明治 38 年版と同じ）

り木曽川の大洪水による河道変更を受けて海西郡の一部が美濃に移され、このため明治初期には海西郡が愛知・岐阜の両県に跨がる郡となったのである。

ところが愛知県側では大正二年（一九一三）に海東郡と海西郡を統合、平安期以来の海部郡の名を実に七〇〇年以上ぶりに復活させた。しかし平成の大合併で大幅に領域を狭めており、平成二二年（二〇一〇）には郡内の三町が合併して郡名をひらがな表記した「あま市」が誕生したが、それでも大治《おおはる》町・蟹江《かにえ》町・飛島《とびしま》村の三町村が海部郡として残っている。

美濃側の海西郡はどうなったかといえば、明治三〇年（一八九七）の郡の統合により北側に隣接する下石津郡および安八《あんぱち》郡の一部と合併、海西と下石津の両郡から一字ずつとって海津《かいづ》郡という新しい郡名になった。昭和の大合併期から同郡所属の海津、平田、南濃の三町は平成一七年（二〇〇五）に合併、郡名を踏襲して海津《かいづ》市となった。郡は消えたが新市名となって引き継がれている。下石津郡の上流側にあった上石津郡はやはり明治三〇年（一八九七）に多芸《たき》郡と合併して養老郡となった。

全国を見渡せば海部という郡は尾張、阿波、紀伊、豊後、隠岐（最後は海士《あま》郡）に存在したことがあり、文字通り漁業と航海に従事する「海民」の住んだところに名付けられたという。しかし明治以降の郡の合併や市制施行などで次々と減り、現存するのは愛知県の他には徳島県（阿波）南部の三町のみとなった。海民の足跡を示す地名も風前の灯である。

島の名前と市町村名の関係

「平成の大合併」では各地で広域合併が進み、それまで複数の市町村で構成されていた島が一挙に一つの自治体になるケースが相次いだ。たとえば新潟県の佐渡島では平成一六年（二〇〇四）三月一日に両津市・相川町・佐和田《さわた》町・金井町・新穂《にいぼ》村・畑野町・真野町・小木《おぎ》町・羽茂《はもち》町・赤泊《あかどまり》村の一〇市町村が合併して、面積約八五五平方キロの佐渡市が誕生している。

佐渡島は国内では択捉島、国後島、沖縄本島に次ぐ大きな島で、かつては佐渡国という一国を成していた。佐渡市が誕生する前は両津市を除く全域が佐渡郡であったが、明治二九年（一八九六）に郡が統廃合されるまでは雑太《さわた》郡・羽茂《はもち》郡・加茂郡という三郡が存在した。このうち羽茂郡は羽茂町の名に、また雑太郡は表記を変えた佐和田町の名で残っていた。

佐渡郡が誕生した明治二九年（一八九六）の時点では七町五一村を擁していたのだが、実に五八もの自治体がひとつになってしまったわけだ。この旧七町のうち夷《えびす》町と湊町という二町（および加茂歌代《うたしろ》村の一部）が明治三四年（一九〇一）に合併したのが両津町で、夷・湊という二つの両方の港町（津）が一緒になったという新地名である。佐渡市は旧三郡のエリア全体

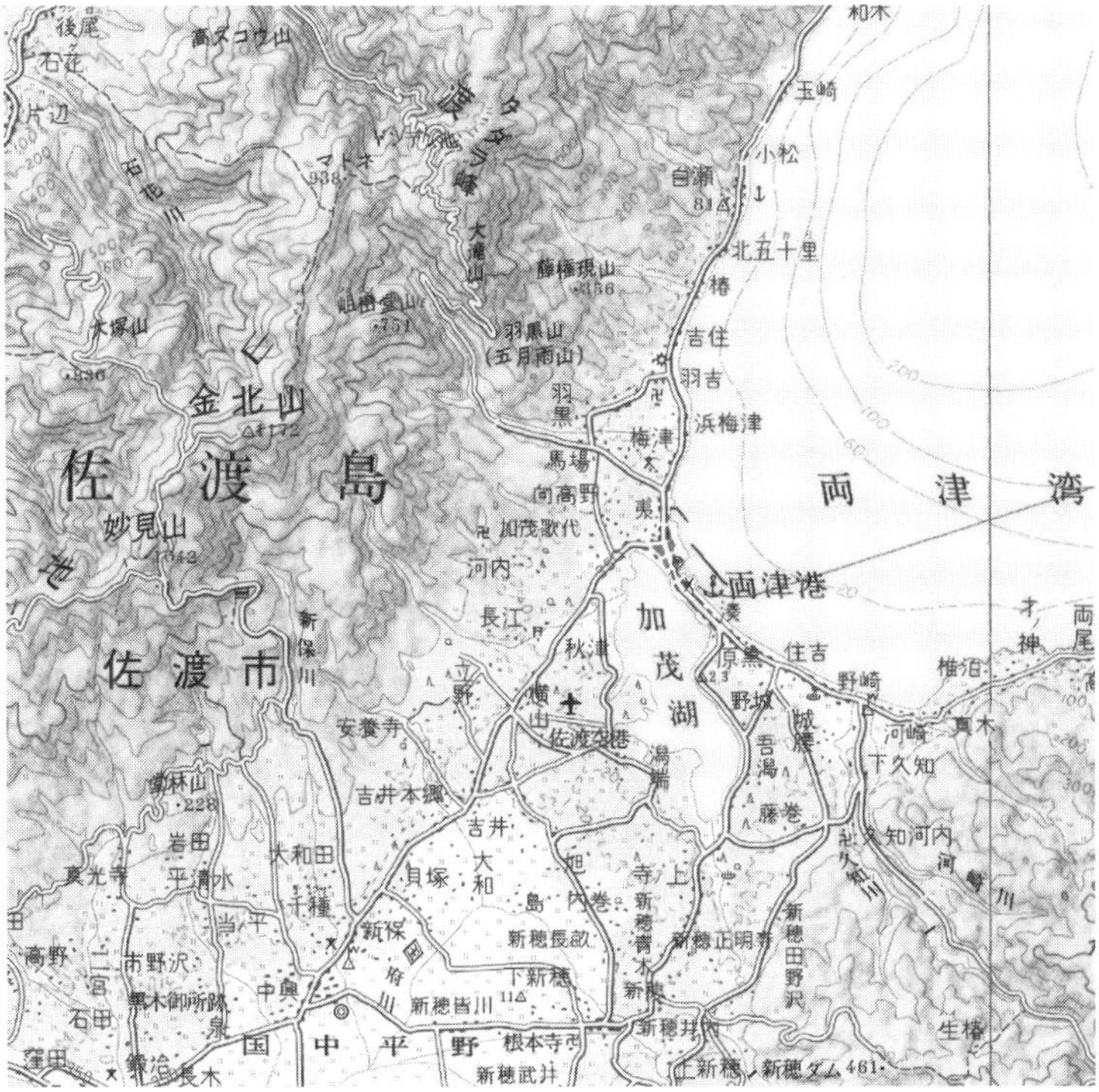

佐渡島の全域10市町村を平成16年（2004）に1市にまとめた佐渡市。
1:200,000「相川」平成15年（2003）修正同16年（2004）発行

を市域としており、要するに島というより国レベルの領域だ。市といえば、ざっと大正の頃までは繁華街とその周辺の市街地に限られるものであったが、市内の最高峰が南アルプスの間《あい》ノ岳（標高三一八九・五メートル）という静岡市の例を見るまでもなく、その概念はだいぶ変わっている。

一国を成していた島といえば、長崎県の対馬《つしま》市（旧対馬国）も同様である。市制施行以前は、中世から江戸初期まで豊崎・佐護《さご》・伊奈・三根《みね》・仁位《にい》・与良《よら》・佐須《さす》・豆酘《つつ》（古くは酘豆）の八郡が通用した時代を除けば、古代から上県《かみあがた》郡・下県《しもあがた》郡が続いていた。京都に近い方が下県郡で、朝鮮半島に近い方が上県郡と呼ばれるのは謎めいているが、古来大陸との関係が深かったためであろうか。遣唐使船がこちら側に漂着したこともあるというから、海流の関係があるかもしれない。対馬全域も佐渡市と同じ日に、厳原《いずはら》・美津島・豊玉・峰・上県・上対馬の六町が合併して対馬市となった。面積は佐渡には及ばないものの七〇七・四平方キロと巨大だ。しかし島全体の人口は昭和三五年（一九六〇）の約七万人をピークに毎年減少しており、市になった今では三万人ほどと半減以下である。ちなみに現在は主島が南北二つの島（対馬上島・下島）から成っているが、江戸初期に運河・大船越瀬戸が開削されるまでは、この部分が「皮一つ」といった具合に繋がっていたため一つの島であった。

同じく国を成していた長崎県の壱岐《いき》島にも、佐渡市・対馬市と同じ日に壱岐市が誕生している。郷ノ浦・勝本・芦辺《あしべ》・石田の四町合併で、面積は対馬市の約五分の一の一三九・四平方キロに過ぎないが、それでもかつては壱岐郡・石田郡の二郡が置かれていた（明治二九年に壱岐郡に統合）。現在の川崎市とほぼ同じ小さな範囲で「国」が置かれたのは、やはり早くから開けた土地ならではの事情であろう。壱岐の地名といえば「触《ふれ》」に触れざるを得ない。郷ノ浦や印通寺浦《いんどうじうら》など、漁村を意味する「浦」が付く地名を除けば、本村触、永田触、東触などのように市内すべての地名に触が付く。触については柳田國男が「古代朝鮮語で村を意味するプルに由来する」（『地名の研究』中公クラシックス、二〇一七）と指摘している。

この他に「平成の大合併」で島全体が合併した例としては、沖縄県の宮古島市（平良市他四町村合併。伊良部島なども含む）と久米島町（仲里村＋具志川村）、山口県の周防大島町（四町合併）、広島県の江田島市（四町合併）と大崎上島町（三町合併）などがあった。

一方で島がひとつにまとまらず、島の名を付けたものの島全体とはならなかった例も出現している。たとえば兵庫県の淡路島もかつては淡路国であったが、「平成の大合併」では島内の一市町村が洲本市・南あわじ市・淡路市の三市に分かれた状態だし、やはり一国を成していた隠岐島も島前《どうぜん》・島後《どうご》が一緒になることはなく、島後の四町村だけが合併して隠岐の島町となり（竹島もこの町の所属）、島前の三町村はまったく合併しなかった。隠岐の島町という名称はいかにも隠岐全体をイメージさせるが、実体は「隠岐島後町」である。自治体名と島の名前を一致させるのもなかなか難しいものだ。

行政区名の由来

政令指定都市の行政区と東京都二三区に設けられた特別区。人口からすれば日本国民のうち三割がどこかの「区」に住んでいることになるが、それだけに「区」の総数はいつの間にかだいぶ増え、今では一九八にのぼっている（東京都特別区が二三、政令指定都市の行政区が一七五）。指定市で区の数が最も多いのは大阪市の二四（これでも平成元年の合区で二六区から減った）、以下は横浜市の一八、名古屋市の一六と続くが、最も少ないのは相模原市と静岡市の三区である。

明治二二年（一八八九）に市が誕生した時に区を擁していたのは東京・京都・大阪の三市のみで、固有地名を採用したのは当時一五区あった東京市だけであった。しかも今の二三区よりはるかに領域は狭く、ほぼ江戸のエリアに限られている。その他は京都市の上京《かみぎょう》・下京《しもぎょう》の二区、大阪市の東西南北の四区である。ちなみに京都市については、一四から一五世紀頃すでに上京・下京の呼称があったので、事実上の汎称地名ではあった。

当時の東京市の一五区を見ると、麹町・神田（千代田）、日本橋・京橋（中央）、芝・麻布・

赤坂（港）、四谷・牛込（新宿）*、小石川・本郷（文京）、下谷・浅草（台東）、本所（墨田）*、深川（江東）*となる。カッコ内に記したのは現在の相当する特別区で、たとえば麴町区と神田区が現在の千代田区であることを意味している。＊印は旧郡部の区を併せたもので、新宿区はこの他に淀橋区、墨田区は向島区、江東区は城東区をそれぞれ含んでいる。旧一五区名のうち大半が広域の固有地名であるが、日本橋・京橋は本来は橋の名であったのが徐々に広域地名化していった。

ついでながら、昭和七年（一九三二）には隣接する荏原、豊多摩、北豊島、南足立、南葛飾の五郡八二町村を編入してこれを新二〇区とし、これに旧一五区に加えて三五区体制となる（同一一年に北多摩郡の二村を編入）。戦後には昭和二二年（一九四七）三月一五日に三五区を二二区に統合、四か月半後の同年八月一日に板橋区から練馬区が分区して現在の二三区となった。

敗戦直後に統合された東京都の新区名は、いかにも「民主主義の世」の到来を象徴するかのように『東京新聞』が募集した都民による「区名投票」が実際の議決に反映されることになったという。昭和二二年（一九四七）二月一二日付の同紙によれば、統合されるべき区名として次の候補がトップ得票であった。カッコ内末尾は決定した現区名である。

中央区（日本橋区＋京橋区＝中央区）・愛宕区（芝区＋麻布区＋赤坂区＝港区）・戸山区（四谷区＋牛込区＋淀橋区＝新宿区）・春日区（小石川区＋本郷区＝文京区）・上野区（下谷区＋浅

草区＝台東区）・隅田区（本所区＋向島区＝墨田区）・江東区（深川区＋城東区＝江東区）・大井区（品川区＋荏原区＝品川区）・東海区（大森区＋蒲田区＝大田区）・飛鳥区（滝野川区＋王子区＝北区）。

中央区と江東区以外は結果的にことごとく違う区名となったが、参考までに次点以下を挙げてみれば、中央区は江戸区・銀座区・大江戸区・日京区（日本橋＋京橋か）、港区は青山区・青葉区・飯倉《いいぐら》区・三田区、新宿区は山手区・新宿区（三位当選）・早稲田区・武蔵野区、文京区は湯島区・富士見区・音羽区・山手区、台東区は下町区・太平区・隅田区・浅谷区（浅草＋下谷らしい）、墨田区は墨田区（二位当選）・吾妻区・隅田川区・江東区（他区で当選）、江東区は永代区・辰巳区・清澄区・東区などである。

大阪市や名古屋市の区は、いずれもひと続きの市街地を東・西などに分けたものであったが、その後に各市とも都市域の拡大とともに周辺町村の編入が盛んに行われるようになると、大都市周辺で独立していた町も含まれるようになった。これらの自治体の名から区名を採用するケースも増えてくる。

市域の大幅な拡大を最初に手がけたのは大正一四年（一九二五）実施の大阪市である。従来の東西南北の四区に隣接する四四町村を新たに編入、これを九区に編成して加え、一挙に一三区に拡大した。その結果、昭和七年（一九三二）に東京市が大拡張するまでの七年間は大阪市が「人口日本一」の大都会の座にあった。

新区名は此花《このはな》・港・天王寺・浪速《なにわ》・西淀川・東淀川・東成・住吉・西成の九つで、このうち東成・西成の両区は、その領域が属していた東成郡と西成郡の郡名であり、天王寺は四天王寺の省略形として古くから用いられてきた南側の村名を流用している。新九区の中で命名方法が斬新だったのは此花区で、『古今和歌集』の「難波津に咲くやこの花冬ごもり今は春べと咲くやこの花」という歌から採った。当時としても今でも珍しいタイプの区名である。

昭和二年（一九二七）には横浜市が区制を施行した。この時に誕生した五区は鶴見・神奈川・中・保土ヶ谷・磯子であり、旧横浜市街にあたる中区以外はいずれも周辺町村の代表的な地名であった。昭和六年（一九三一）には神戸市も区制施行する。灘・葺合《ふきあい》・神戸・湊東《そうとう》・湊・湊西《そうさい》・林田・須磨の八区が誕生した。見慣れぬ区名が並んでいるが、神戸市は区の変遷が複雑で、このうち現存しているのは灘区と須磨区だけだ。まず湊西区が誕生からわずか一年三か月後の昭和八年（一九三三）の元日に兵庫区と改称、終戦直前の昭和二〇年（一九四五）五月には湊東区が兵庫区と神戸区に分割併合され、神戸区は神社名にちなむ生田区（現中央区）に改称した。合成地名だった林田区（駒ヶ林＋長田《ながた》）はこの時に長田区と改称している。古い葺屋《ふきや》荘に由来する葺合区の方は無事だったが、こちらは昭和五五年（一九八〇）に生田区と合併して中央区となった。

都心部の区の統合は大阪市でも行われ、明治以来の東区と南区が平成元年（一九八九）に合区、中央区になった。新区名から固有地名を避けようとする傾向が最近は顕著になっており、

神戸市の見慣れない行政区。神戸区・湊区・湊東区・湊西区の旧区名が見える。
1:50,000「神戸」昭和4年（1929）鉄道補入

昨今の政令指定都市の区名決定にあたっては「民主的に」ということか、東西南北や中央がとりわけ好まれている。たとえば平成二一年（二〇〇九）に政令指定都市となった岡山市は中・東・南・北、同二四年の熊本市も中央・東・西・南・北と実に素っ気ない。都心部の区に市名を付けるのは神戸市神戸区が昭和二〇年（一九四五）に消えて以来途絶えていたが、昭和四七年（一九七二）に川崎市に川崎区、平成一八年（二〇〇六）には堺市に堺区が誕生した。「市域はだいぶ拡大したけど、本家はここだからね」という意識が感じられなくもない。

「長い名前」をやめました……

熊本県を走る南阿蘇鉄道には「南阿蘇水の生まれる里白水高原《はくすい》」、茨城県の鹿島臨海鉄道には「長者ヶ浜潮騒《しおさい》はまなす公園前」という二つの「日本一長い駅名」がある。これらは日本一を目指して作為的に命名されたので、まだいくらでも長い駅名が誕生する可能性が…、と書きながら現在の最長駅名を確かめてみたら、すでに変わっているではないか。等持院駅を令和二年（二〇二〇）三月二〇日に改めた「等持院・立命館大学衣笠《きぬがさ》キャンパス前」である。この駅名なら「わざとらしさ」はないが、京福電気鉄道としても知らなかったはずはなく、日本最長をそれとなく意識したのは間違いないだろう。

駅名ならともかく、市町村名は住所として書かれる機会も多いから、確信犯的に長くするなどすれば住民が許さない。それでも、さまざまな事情で「長名の自治体」は意外に存在していた。今はなき市町村のリストの中からそれを探してみよう。

まずは広島県の四日市次郎丸村《よっかいちじろうまる》。東広島市役所のある西条の町であるが、近世初頭に四日市次郎丸という地名は使われていたという。四日市は「四の日」すなわち四日、一四日、二四日と市場が月に三回開かれる、いわゆる三斎市《さんさいいち》にちなむ地名だ。これに対して次郎丸は上市にある若宮社の鼓頭であった男の名という。山陽道に面した「ドジョウと三文判の産地」として江戸時代から知られていた。

しかし町村制施行の翌年にあたる明治二三年（一八九〇）には、町制施行を機に西条町と改められている。やはりあまりに長かったからであろうか。この時に四日市次郎丸の地名は大字としても残らず、消滅した。ちなみに西条は平安時代から記録が残る古い地名で、盆地に施された条里制区画のうち西半分をそう呼んだらしく、長らく一帯を指す広域地名として用いられてきた。山陽鉄道（現JR山陽本線）が開通した明治二七年（一八九四）にはすでに西条町だったため、駅名も必然的に西条となったが、昭和四九年（一九七四）には周辺の志和町・高屋町・八本松《はちほんまつ》町と計四町で合併、現在は東広島市西条となっている。昭和六三年（一九八八）には山陽新幹線に東広島駅も設置された。

合併で長くなった市町村もある。たとえば大阪府南河内郡にあった藤井寺道明《どうみょう》寺《じ》町。この長い名前の町は昭和三四年（一九五九）四月二〇日に藤井寺町と道明寺町が合併して誕生した。旧自治体名を単に連ねたものは日本では珍しいが、人口規模に大差のない二つの町であったから、新自治体名を決めかねたのではないだろうか。しかし合計六字はさすがに長すぎたのか、わずか九か月後の翌三五年元日には美陵《みささぎ》町と改称している。天皇陵をはじめ古墳が多い土地を象徴する新町名だ。

しかしそれも長続きせず、昭和四一年（一九六六）には市制施行の際に現在の藤井寺市と改められている。美陵を「みささぎ」と正しく読んでもらえず、なかなか定着しない住民の不満もあり、市制施行の際に行われた住民アンケートでは「藤井寺市」の支持が圧倒的だったという。藤井寺球場（跡地は現在学校等）や近鉄南大阪線の藤井寺駅、それに葛井寺《ふじいでら》の知名度がモノを言ったのだろうか。

栃木県には国分寺小金井町がわずか四週間だけ存在した。もとは国分寺村（国分・小金井など六村合併）であったのが、町制施行の際に六文字の町となり、あっという間に国分寺町に「戻った」のである。小金井は明治期から東北本線の駅が設けられて発展が著しかったことを受けたのかもしれないが、小金井が表に出たのはほんのつかの間であった。やはり長過ぎがネックだったのだろう。それでも国分寺村時代から役場はずっと小金井にあったことを考えると、ある種の取引もあったのか、微妙な事情を窺わせる。現在は平成の大合併で下野市《しもつけ》（市役所は小金井）の一部となっている。余談だが、東京都では小金井市と国分寺市が隣り合っており、東京都と栃木県のどちらの「小金井」にもＪＲの車庫がある（中央本線は武蔵小金井駅）。偶然の一致だろうけれど不思議なものだ。

青森県には大湊田名部市《たなぶ》。軍港のあった大湊町と代官所の置かれた田名部町が昭和三四年（一九五九）九月一日に合併したものだが、合併をめぐって庁舎の位置などいろいろと紛糾し、新市名についても決まりかけた「下北市」が実現しなかった。この長い名前は、いよいよ期限

昭和29年（1954）4月の4週間しか続かなかった「国分寺小金井町」のあった場所。その後は国分寺町となり、小金井はその大字となった。平成18年（2006）以降は下野市の一部。1:50,000「壬生」平成2年（1990）修正

切れを目前にして両町名を暫定的につないだものである。その後に新市名委員会が組織され、日本初の「ひらがな市」、むつ市に落ち着いた。ヨーロッパの連称地名にはドイツの保養地として有名なガルミッシュ・パルテンキルヒェンなどがあるけれど、長名のまま健在である。自治体名に対する感覚が違うのかもしれない。

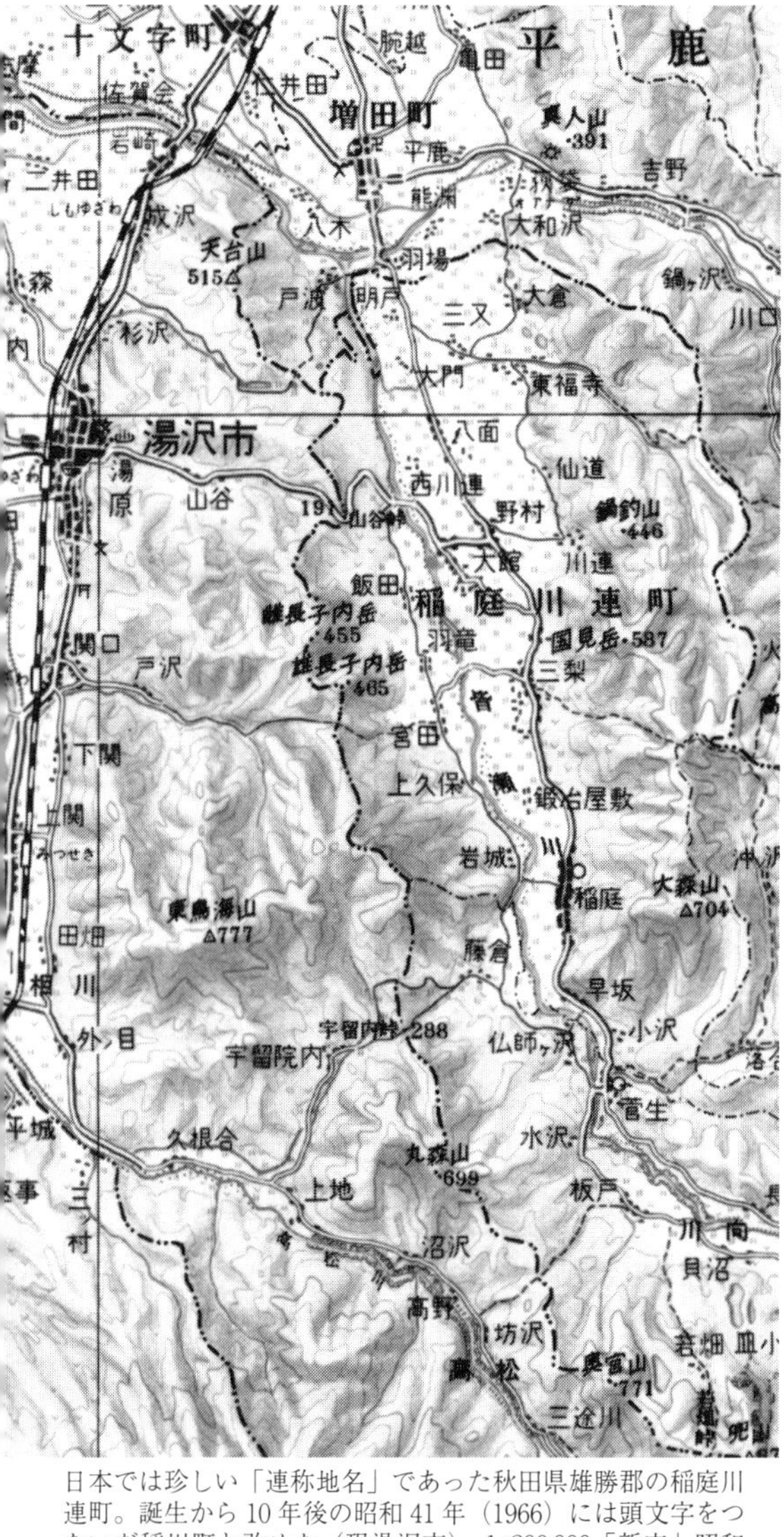

日本では珍しい「連称地名」であった秋田県雄勝郡の稲庭川連町。誕生から10年後の昭和41年（1966）には頭文字をつないだ稲川町と改めた（現湯沢市）。1:200,000「新庄」昭和35年（1960）編集

市町村名とその都合

市・町・村以外の呼び名があった

基礎自治体といえば市・町・村と東京都の特別区だけである。ところが「地方自治元年」とされる明治二二年（一八八九）（一部道県を除く）に施行された市制・町村制以降しばらくの間は「市町村」以外の呼び名が存在した。

たとえば東京都日野市北部に存在した日野宿がそれで、神奈川県南多摩郡日野宿および粟須《あわのす》村の一部と西長沼村の飛地を合わせて町村制施行した名称が「日野宿」である。明治二六年（一八九三）四月一日に三多摩地区は東京府へ移管されるが、その直後の六月一九日に単独で「町制施行」して、日野宿から日野町に変更されている。日野は宿の名が語る通り、慶長一〇年（一六〇五）に甲州道中（街道）の宿駅が置かれたところであった。

現在の東京都多摩地区を管轄していた神奈川県には、東海道五十三次のうち川崎・神奈川・程ヶ谷（現保土ケ谷）・戸塚・藤沢・平塚・大磯・小田原・箱根の各宿場、甲州道中では布田《ふだ》五宿（国領《こくりょう》・下布田・上布田・下石原・上石原）・府中・日野・八王子・駒木野（現八王子市）・小原《おばら》・与瀬《よせ》・吉野・関野（最後の四宿は現相模原市緑区）などが含まれていたが、それらはたいてい町となっており、「宿」を名乗り続けていたのは日野だけである。

北多摩郡では府中が「駅」を名乗った。府中駅といっても現在の京王電鉄府中駅（大正五年開業）とは関係なく、こちらも甲州道中の宿駅だ。駅という字はそもそも「継ぎ馬」を意味し、転じてその馬を常備し、宿を設けてある所を駅と称するようになった。これを人間が行う長距離走のことを現在でも「駅伝」と呼んでいるのがその名残であろう。一方で鉄道の駅は明治の頃は停車場もしくは英語の直輸入でステーション、ステン所などと呼ばれていたが、おおむね大正から昭和初期にかけて駅の呼称が徐々に広まっている。

府中駅は日野宿と同じ明治二六年（一八九三）の同日に単独町制施行して府中町（現府中市）となったので短命であったが、同じ神奈川県の津久井郡内にあった与瀬《よせ》駅と西隣の吉野駅は大正二年（一九一三）四月一日に与瀬町・吉野町（相模湖町・藤野町を経て現在は相模原市緑区）と改称されるまで長持ちした。与瀬は現在の中央本線相模湖駅の旧称でもある。もうひとつが東海道の宿駅であった足柄下郡箱根駅で、こちらは明治二五年（一八九二）に箱根町と改められている。

神奈川県以外には宿や駅が町村制以降も残った例は皆無だから、日野宿が「日本最後の宿」、改称が大正にずれ込んだ与瀬駅と吉野駅は「日本最後の駅」になった。町村制以降も旧称を遺した理由はよくわからないが、首長は「宿長」または「駅長」と称したのだろうか。

新潟県には町村制以降も残った呼称として「新田」がある。新田は主に江戸時代に急速に進

町村制が行われても明治26年（1893）まで「府中駅」と称した珍しい例。甲州道中の宿場として発達した町である。1:20,000迅速測図「府中駅」明治15年（1882）測量同27年修正

んだ新規開拓の農地で、多くは集落を伴って「村」と同じ扱いになった。名称としては「○○新田」が正式で、ごく一部の例外を除いて「○○新田村」という呼び方はしなかった。越後国では低湿地を水田化した新田が多く、それが町村制以降も二つだけ残った。北蒲原郡の蓮潟《はすがた》新田（現聖籠《せいろう》町）、南魚沼郡の栃窪《とちくぼ》新田（現南魚沼市）で、いずれも単独で村制（新田制？）施行した。いずれも明治二六年（一八九三）から翌二七年にかけて蓮潟村、栃窪村と改称されているから、実情としては町村制が少々遅れて来た、というところだろうか。ついでながら新潟県には一つだけ「浦」が残った。江戸期には漁村といえば「○○浦」と称するのが一般的であったが、町村制後は全国広しといえど新潟県岩船郡の粟島浦《あわしまうら》（現粟島浦村）だけであった。島の名は粟島だが、浦の伝統を今も村名の中に引き継ぐほど思いが強いのかもしれない。

岐阜県は「新田」が例外的に多く残ったケースで、その数は一八に上る。ほとんどが濃尾《のうび》平野の主に輪中《わじゅう》地帯（大半が現海津市・輪之内町）。こちらも岐阜県内で行われた明治三〇年（一八九七）の「大合併」で消えたから、やはり「遅れてきた町村制」なのだろうか。

なお、南西諸島や伊豆・小笠原諸島、島根県の隠岐などでは町村制の施行が遅れ、島嶼《とうしょ》町村制（奄美群島・沖縄県は明治四一年、伊豆諸島は大正一二年など地域により異なる）が施行されて初めて町村となった所が多い。その時にたとえば奄美・沖縄で伝統的に用いられてきた「間切《まぎり》」も村《そん》に改められた。

間切は琉球王国時代からの行政区分で、村の上位にあたる。間切を村に改称したのは明治四〇年（一九〇七）三月一五日公布の勅令第四五号によるもので、その第一条には「沖縄県ノ間切島ハ之ヲ村ト改メ」とある。間切と島をそれぞれ「村」と改めるものだ。間切の中には従前の村があったため、本土と同様にこれを字とした（大字ではない）。同勅令では「間切島内ノ村又ハ島ハ字トシテ其ノ名称ヲ存ス」とあるが、たとえば那覇に隣接していた浦添《うらそえ》間切（現浦添市）には沢岻《たくし》・勢理客《じっちゃく》・小湾《こわん》など一四か村があり、これらはそれぞれ字となった。このため昔からの村をムラ、勅令による新しい行政村をソンと使い分けたとのことで、沖縄県の村が現在でもすべてソンと読むのは、この経緯による。

東京市に編入された八二町村

「平成の大合併」ではいくつもの市町村が合併して広大なエリアの自治体が数多く誕生したが、これまでで最も多くの町村が合併したのは昭和七年（一九三二）に行われた東京市への八二町村の同時編入である。それに次ぐのがおそらく大正一四年（一九二五）の大阪市への四四町村編入だろう。この時の「大大阪市」の誕生で、昭和七年（一九三二）に東京市が首位に返り咲くまで、大阪市が「日本一の市」であった。

大正一二年（一九二三）の関東大震災後に都心部の人口が激減した東京市の市街地は、それ以前からの傾向であったサラリーマン階級の増加に加え、充実の度を加えた私鉄網の発達にも助けられて急速に郊外に拡張していく。その結果、東京市の旧一五区と郡部はひと連なりの市街として境界が見えにくくなった。特に私鉄と山手線の結節点を成す渋谷駅のある豊多摩郡渋谷町、新宿駅のある同郡淀橋町、池袋駅を擁する北豊島郡西巣鴨町などの人口の伸びは著しく、一三・二万人を数えた最大の荏原町をはじめ西巣鴨町（一一・六万）、渋谷町（一〇・二万）、滝野川町（一〇・一万＝北区）の四町は昭和五年（一九三〇）に一〇万人を超えていた。

事実上ひとつの巨大都市に変貌しつつあった東京圏は、ひしめく小自治体がそれぞれ個別の施策をバラバラに行うよりも「大東京市」でまとまった方が、都市の機能から見て好ましい。どこまでの範囲を市域とするかについては議論があったが、現在の二三区に近い五郡にまたがる八二町村に決定した。これらの町村は一区あたり一四〜二〇万人見当とする新しい二〇区に編成、旧一五区と併せて三五区体制とすることとなった。

内訳としては荏原郡が一九町村、豊多摩郡が一三町、北豊島郡二〇町村、南足立郡一〇町村、南葛飾郡二〇町村である。新たな二〇区は原則として郡と旧町村の境界を変更せずに設置されることとなった。境界変更や細かい越境を認めてしまえば、地域ごとに論争がキリのない紛糾が予想されたからだ。昭和七年（一九三二）四月二六日に東京市長が東京府知事に内申した区割りと区名は次の通りである（＊印はその後変更された区名）。旧町村と新二〇区の対照は別表を参照されたい。

①荏原郡六区（品川・荏原・目黒・大森・蒲田・世田谷）
②豊多摩郡四区（渋谷・淀橋・中野・杉並）
③北豊島郡五区（池袋＊・板橋・滝野川・王子・三河島＊）
④南足立郡一区（足立）
⑤南葛飾郡四区（寺島＊・亀戸＊・葛飾・江戸川）

しかしこれが発表されるや、予想通りではあるが各方面から町村の組み合わせや区名について異義申し立てが相次いだ。「旧町村境界は変更なし」というタガをはめたので、それでもこの程度におさまったと言えるだろう。区名については、たとえば「渋谷区」の名称に対して旧渋谷町以外の町などから「神宮区とせられたし」との要望が出たし、杉並区についても旧杉並町以外の町から「多摩区など適当な他の名称に」（杉並・中野両区はかつて東多摩郡であった）などの意見。市域拡張を担当する「臨時市域拡張部」には多種多様な陳情が続出し、その応接に苦慮したという。「昂奮の余り常軌を逸する如き態度に出づるものも現れ、日比谷警察署より警戒の警察官が取締りに出勤する如き事態」（『東京市域拡張史』東京市役所　昭和九年発行）も起きた。

これら個々の事例に対応していると「あちらを立てればこちらが立たず」で収拾が付かないため、結局は区の編成権限をもつ東京府参事会が、区割りの修正といくつかの区名修正を行って最終決定とした。なお＊印の区は池袋区→豊島区、三河島区→荒川区、寺島区→向島区、亀戸区→城東区と改められている（町村の組み合わせも一部変更）。ついでながら現在の二三区域が固まったのは、四年後の昭和一一年（一九三六）に北多摩郡から千歳・砧《きぬた》の二村が世田谷区に編入された時点である。

変更された区名はいずれも特定の旧町名を避けたものが目立つが、それでも決まった区名には品川、目黒、大森、王子など多くが旧町名となった。もちろん現在よりはるかに「強権発動」が許された時代ではあるけれど、昨今の政令指定都市の行政区名に見られるように、「無難であること」を最優先したかのような「東西南北」や既存の地名以外の名称を選ぶ傾向に比べれば、歴史的地名を保存する観点から見れば、東京市の区名の方がはるかに正統的であった（戦後二三区となる際に乱れたが）。ついでながら、この時に「落選」した寺島や三河島の由緒ある地名は、住居表示の実施後は区名どころか町名さえも消滅してしまった。

別　表

東京市編入82町村（＋2村＊）と新20区

	郡部	人口（人）	東京市新20区	東京都特別区
郡	昭和7年（1932）9月30日まで		昭和7年（1932）10月1日	昭和22年（1947）8月1日以降
荏原郡	品川町	55,639	品川区	品川区
	大崎町	53,777		
	大井町	70,080		
	荏原町	132,108	荏原区	
	目黒町	67,236	目黒区	目黒区
	碑衾（ひぶすま）町	40,972		
	馬込町	23,025	大森区	大田区
	東調布町	12,326		
	池上町	20,720		
	入新井（いりあらい）町	45,209		
	大森町	46,055		
	矢口町	18,261	蒲田区	
	蒲田町	44,030		
	六郷町	14,441		
	羽田町	21,390		
	世田谷町	73,110	世田谷区	世田谷区
	松沢村	12,337		
	玉川村	16,759		
	駒沢町	31,043		
北多摩郡	千歳村＊	8,110	世田谷区（昭和11年10月1日編入＊）	
	砧（きぬた）村＊	7,964		

豊多摩郡	渋谷町	102,056	渋谷区	渋谷区
	代々幡（よよはた）町	70,577		
	千駄ケ谷町	40,900		
	大久保町	33,815	淀橋区	新宿区 （四谷区・牛込区と統合）
	戸塚（とつか）町	31,781		
	落合町	30,593		
	淀橋町	57,313		
	中野町	87,263	中野区	中野区
	野方町	46,835		
	和田堀（わだぼり）町	19,194	杉並区	杉並区
	杉並町	79,193		
	井荻（いおぎ）町	22,724		
	高井戸町	13,418		
北豊島郡	巣鴨町	43,239	豊島区	豊島区
	西巣鴨町	115,654		
	高田町	48,542		
	長崎町	29,266		
	志村	12,151	板橋区	板橋区
	板橋町	44,717		
	上板橋村	8,454		
	赤塚村	6,758		
	中新井村	7,311		練馬区
	練馬町	13,145		
	上練馬村	6,159		
	石神井（しゃくじい）村	9,839		
	大泉村	5,052		
	滝野川町	100,746	滝野川区	北区
	王子町	89,009	王子区	
	岩淵（いわぶち）町	37,664		

東京市に編入された82町村

北豊島郡	南千住町	56,010	荒川区	荒川区
	三河島町	80,217		
	尾久（おぐ）町	73,368		
	日暮里（にっぽり）町	71,021		
南足立郡	千住町	69,085	足立区	足立区
	江北（こうほく）村	5,534		
	西新井町	20,077		
	舎人（とねり）村	1,957		
	梅島町	12,748		
	綾瀬村	5,673		
	東淵江(ひがしふちえ)村	3,105		
	花畑（はなはた）村	4,363		
	淵江（ふちえ）村	3,277		
	伊興（いこう）村	1,688		
南葛飾郡	吾嬬（あづま）町	80,985	向島区	墨田区 （本所区と統合）
	隅田町	25,077		
	寺島（てらじま）町	49,457		
	亀戸（かめいど）町	65,174	城東区	江東区 （深川区と統合）
	大島（おおじま）町	43,140		
	砂町	34,657		
	金（かな）町	10,310	葛飾区	葛飾区
	水元（みずもと）村	4,030		
	新宿（にいじゅく）町	4,848		
	奥戸（おくど）町	11,365		
	本田（ほんでん）町	27,390		
	亀青（かめあお）村	6,159		
	南綾瀬町	20,354		

南葛飾郡	小松川町	39,928	江戸川区	江戸川区
	松江町	17,112		
	葛西（かさい）村	9,326		
	瑞江（みずえ）村	7,836		
	鹿本（しかもと）村	3,768		
	篠崎村	4,153		
	小岩町	14,848		
	人口合計	2,916,000		

〔注〕人口は昭和５年（1930）国勢調査による。
＊千歳村・砧村（計 16,074 人）を除いた当初の世田谷区を 133,249 人とした場合は新 20 区合計は 2,899,926 人。

（筆者作成）

東京市に編入された82町村

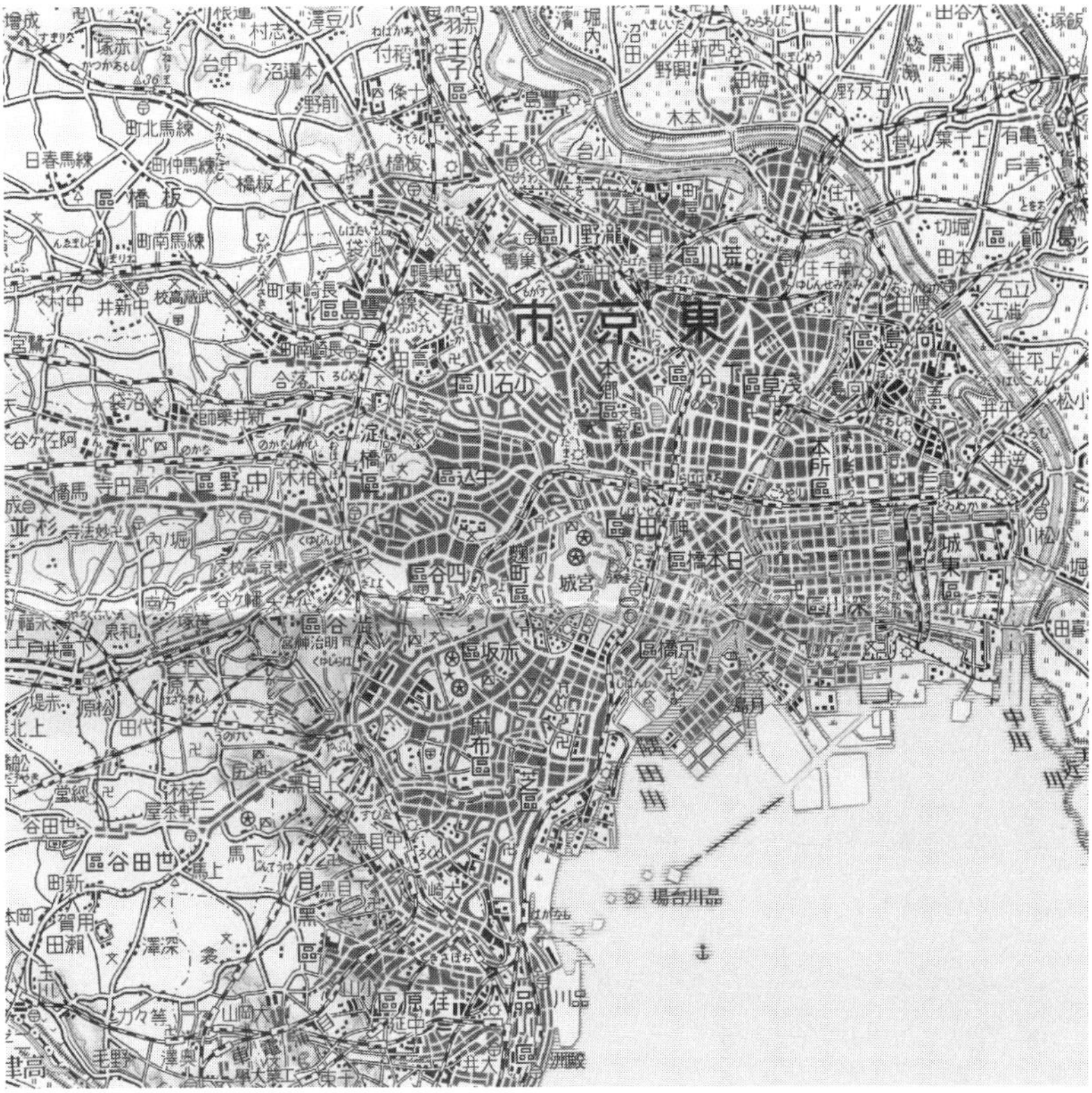

日本の合併史上では空前絶後の5郡に所属する82町村を昭和7年（1932）に編入した東京市。旧15区に新20区が加わって合計35区となった。同11年（1936）には北多摩郡の2村が加わる。1:200,000「東京」昭和9年（1934）修正

阿佐ヶ谷と阿佐谷……ケとヶの話

東京には市ケ谷・阿佐ケ谷・千駄ケ谷・霞ヶ関・鐘ヶ淵など、「ヶ」または「ケ」のつく駅が目立つ。本来「ヶ」という字は物を数える語である「个」という漢字が変形したもので、カタカナのケとは違うのだが、現実には混用されており、むしろ地名表記ではケの方が多い。駅名も私鉄はさまざまであるが、ＪＲ各社では現在ケに統一している。

東京メトロなどは迷っているのか、それともヶからケへの表示変更の途上であるためか、プラットホームの駅名標はケなのに、出入口ではヶだったりと、統一がとれていないケースも見られる（最近では大半がケになったようだ）。そもそも、この問題は世間であまり意識されていないし、たとえ間違ってもよほど「うるさ型」の人でなければ指摘することもない。

さて市町村の名称はどうだろうか。市では茨城県龍ケ崎市、千葉県袖ケ浦市、神奈川県茅ヶ崎市、長野県駒ヶ根市、町村なら青森県外ヶ浜町、青森県鰺《あじ》ヶ沢町、同県六ヶ所村、岩手県金《かね》ケ崎《がさき》町、宮城県七ケ浜町、埼玉県鶴ヶ島市、東京都青ケ島村、岐阜県関ケ原町、佐賀県吉野ヶ里町と、実にバラバラである。市制や町制施行が新しいか古いかは関係ないようで、むしろ新自治体名にヶが目立つほどだ。ひょっとしたら最初に書いた（入力した）人の変換結果に左右されたのではないかとさえ疑ってしまう。やはり「ケ・ヶ問題」など最初から大半の人の意識にのぼらないのかもしれない。

ヶとケの違いだけでなく、自治体名以外でも地名や駅名を探せば、それ以外の例が見られる。たとえば鎌倉市内の町名で目立つのがカタカナの「ガ」だ。七里ガ浜、稲村ガ崎、由比ガ浜という調子であるが、当地を走る江ノ島電鉄の駅名はいずれも七里ヶ浜、稲村ヶ崎、由比ヶ浜である。明治期に開通した江ノ電の駅名からも推測できるように、以前は「ヶ」で表記されていたものが、住居表示に関する法律（法律第一一九号、昭和三七年施行）に基づく住居表示の実施で昭和四〇年代に軒並み「ガ」に変えられた（一九二頁の図中「ガ」は小さな字になっているが正式には通常の大きさ）。

ガは戦後に制定された「新かなづかい」に伴う「言文一致の気分」を反映しているようで、たとえば東京都西多摩郡瑞穂町の実際の大字が「箱根ヶ崎」であるにもかかわらず、一万分の一地形図（旧版）の図名は「箱根ガ崎」になっていた。その「気分」を後々まで引きずったのが山と溪谷社で、同社の出版物には平成に入るまで「八ガ岳」や「仙丈ガ岳」のような表記が多く見られた。そもそも山の名前を管轄する役所は存在せず、「正式な表記」がないために、このようなことも起こるのだろう。

地名と駅名が食い違うこともしばしばだ。たとえば冒頭に挙げた杉並区の阿佐ケ谷駅の所在

町名の由比ガ浜と駅名の由比ヶ浜。表記が食い違う鎌倉市には扇ガ谷、稲村ガ崎（駅名は稲村ヶ崎）の例も。「地理院地図」令和２年（2020）９月30日ダウンロード

地は阿佐谷南で、ヶもケも入っていない。また霞ヶ関駅も町名は霞が関である。ちなみに阿佐谷北・南もやはり昭和四〇年（一九六五）の住居表示実施以前の町名は阿佐ヶ谷であり、また霞が関も以前は霞ヶ関であった。目黒区の自由が丘も同様であったが、こちらは東急電鉄の駅名が昭和四一年（一九六六）に自由ヶ丘から自由が丘にわざわざ改め、町名に合わせている。

この問題は「ノ」とか「ツ」でも同様で、ＪＲ・東京メトロの四ッ谷駅に対して新宿区四谷（地下鉄丸ノ内線の四谷三丁目駅は「ツ」がない）、岩手県一関市もＪＲの駅名は一ノ関駅など と不一致がある。現在南相馬市となった原町市も、駅名は原ノ町。しかも読み方は旧市名の「はらまち」と駅名の「はらのまち」が食い違っていたほどである。

そもそもヶ・ケやノ、ツという表記がなぜ存在するのかといえば、正しい読み方を誘導するためである。かつて東京の市谷（駅名は市ケ谷）でも、戦国時代には市谷と表記されていたものが、江戸時代には市ヶ谷と書かれるようになった。「市谷」だと「いちや」（西日本なら「いちたに」）などと誤読されるのを、ヶの存在でこれを避ける。江戸時代までは地名の表記は実におおらかだったから、「何が正式な表記」かなど考えずに使用者がそう書き、それが定着したのだろう。一関も「いちせき」と読まれないように誰かが一ノ関と表記した。

ついでに言えば、明治四〇年（一九〇七）一一月一日には私鉄を国有化した路線で一斉に改称が行われた。すなわち一ノ戸→一戸、三ノ戸→三戸（以上は後の東北本線）、八ノ戸→八戸（現八戸線本《ほん》八戸駅）、四ツ街道→四街道（現総武本線）、宇ノ島→宇島（現日豊本線）と五駅がノヤツを外したのである。自治体名に合わせたかったのだろうか。この時に一ノ関駅がそのままだったのは少々気になる。

富山県の旧村名では「下タ村」が昭和二九年（一九五四）まで存在したが、これも「しもむら」と読まれないための工夫であろう。「した」と読まれたくないのは岩手県八幡平市の下モ《しも》川原《かわら》。岐阜県には現在は大字であるが揖斐川《いびがわ》町に「上ミ《か》野」がある。「うえの」との誤読防止表記に違いない。

そんな表記をめぐるさまざまな歴史的経緯が「不整合」のもととなっているのではあるが、ご先祖たちがいろいろと迷った痕跡とすれば、今の時代にことさらに整えなくても良いのではないかと思う。

四日市・大町……固有名詞はどこまで？

たとえば「大島」をどう英語表記するか。これはなかなかの難問である。Oshima Island とするか、それとも O Island なのか。八丈島なら Hachijo Island で問題なさそうなのに…。八丈島は固有地名部分と普通名詞部分を八丈＋島で簡単に分けられるので、単にハチジョウと言っても島を思い浮かべてくれるのに対して、大島のことを指して「オー」などと呼んでも誰にも通じない。大島＝大＋島という風に単純に割り切れないからである。これは川の名前でも同様で、阿賀野川は Agano River ですんなり行っても、荒川になると Ara River ではなくて Arakawa River とした方が良い。同じ理由であろう。

自治体名にも実はそんな例がある。三重県四日市市は四日市（固有地名）＋市（自治体の種別を示す普通名詞）と普通に考えられており、学校の地図帳などの小縮尺の地図では◎印などの脇には「市」を省いて「四日市」と記すのが一般的だ。ところが、新潟県南魚沼郡六日町《むいかまち》（平成一六年（二〇〇四）から南魚沼市）は例外だった。小縮尺の地図でも「六日」ではなくて六日町と表記されていたのである。

市場が開かれるスケジュールにちなむ地名は全国に数多く分布していて、しばしば自治体名にもなっている。新潟県の六日町も、明治以前から毎月「六の日」に市が開かれるのにちなんで六日町と称しており、「六日町」は不可分の固有名詞だった。その証拠に江戸期にも「六日《むいか》町村《まちむら》」であり、明治二二年（一八八九）に町村制が施行された際も「六日町村」で村制施行されている。「六日町という村」ということだ。

ところが明治三三年（一九〇〇）に町制施行することになり、「六日町町」ではなく単に六日町と変更されている。細かい形式的なことを言えば「六日町・村」が「六日・町」に名称変更とともに町制を施行したということだ。隣に位置する十日町市も同様な経緯がある。十日町村→十日町（明治三〇年～）→十日町市（昭和二九年～現在）と町制施行時に「固有名詞部分」から町が外れ、市制施行の際にそれが復活してと、二回も変遷している。

現在は四万十《しまんと》市となった高知県の旧中村市もかつてこの種の問題が持ち上がった町だ。中村といえば戦国大名・土佐一条氏の城下町として発展した町であるが、明治の町村制施行の際に「中村村」ではおかしいとの意見があり、単に中村とした。ところが明治三一年（一八八八）に町制施行する段になって村長が提出した諮問案は「中村を中町に変更せんとす……」というものだったため、村会で「中町とは何事か！」と紛糾、結局は中村を中村町と名称変更して町制施行（中・村→中村・町）、ということで収まっている。市制施行の時にはすんなり中村町→中村市となった。そのようにしてご先祖が守ってきた中村市なのに、平成の大合併で安易に四万十市に変えてしまったのは悔やまれる。西土佐村とは「対等合併」というタテマエなのだろうが、この村名は昭和三三年（一九五八）の合併で誕生した新出来の自治体名に過ぎず、数百年の歴史をもつ中村と同列に扱うのは不当だ。

長野県大町市も同様で、大町→大町市と名称変更（合併）している。ところが同じ大町でも佐賀県の大町は大町村から大町町《おおまちちょう》となった。近くに位置していた長崎県鹿町町《しかまちちょう》も同様で、こちらは現在佐世保市の一部となった今もなお「佐世保市鹿町町」と、町の重複を保存したままだ。マチとチョウが住民の間で厳然と区別されているのだろうか。そういえば四日市市も市の字が続くけれどイチとシで読みが異なり、市民が違和感を覚えることもなさそうである。

余談であるが、兵庫県の淡路島にあった三原郡の「市村」は明治一〇年（一八七七）に周辺の小井《おい》・青木・善光寺・円行寺の四村と合併して市市《いちいち》・市小井・市青木・市善光寺・市円行寺となり、それらは明治二二年（一八八九）の町村制施行で市村の大字となった（市市は市村市市、市小井は市村市小井）。

町村合併促進法を受けた昭和三〇年（一九五五）の四村合併で三原町になっても大字は継続され、三原町市市などと呼ばれていたのだが、平成の大合併では四町合併で南あわじ市が誕生、大字名はそのまま継続されたため、登場したのが「南あわじ市市市」であった。市の字が三つ連続するなんとも奇妙な表記になってしまったが、合併だからといってイチイチ変更するのも何だし、ということでそのままになったのだろう。

珍しく町が２つ重なる佐賀県の大町町（おおまちちょう）。長崎県には鹿町町（現佐世保市）もあった。1:50,000「武雄」平成５年（1993）修正

実は「トリプル市」には前例があった。前述の四日市市の話であるが、三重県朝明《あさけ》郡保々《ほぼ》村大字市場が昭和三二年（一九五七）に四日市市に編入された結果、四日市市市場町が誕生したのである。これらの地域の履歴書を目にする採用担当者の方々、くれぐれも「自分の住所も満足に書けないのか！」と早合点しないよう頼みます。

表記・読み方を改めた自治体

前にも取り上げたが、ＪＲ中央線の阿佐ケ谷《あさがや》駅。所在地は阿佐谷《あさがや》南三丁目である。千駄ケ谷、幡ケ谷、富ケ谷、桐ヶ谷などなど、〇〇ガヤという地名は東京に多いが、ケ（ヶ）の有無は統一されていない。同じ東京でも世田谷の表記は東急世田谷線も区名も「ヶ」がなく一致しているものの、かつての自治体名は世田ヶ谷と表記したこともある。

今では約九二万の人口を擁する世田谷区であるが、どのような軌跡をたどったのか調べてみると、まず明治二二年（一八八九）の町村制施行の時には世田ヶ谷村の表記であった。ところが人口増加で大正一二年（一九二三）四月一日に町制施行をした際に「ヶ」を外して世田谷町となっている。区名もそれを受け継いだ形だ。

読みは変わらず、表記だけを改めた自治体は意外に多い。まだ記憶に新しいのが茨城県鹿嶋市。平成七年（一九九五）に市制施行する段になって、鹿島町のまま市制施行すれば佐賀県鹿島市と同一になってしまうことがわかった。当時は「同一名称の市」を避けるよう行政指導が行われており、唯一の例外である府中市（東京都・広島県）以外にそのようなことが起こらないよう国名や東西南北を冠することで重複を避けてきたのである。

結論から言えば、茨城県鹿島町は同じ「島」を意味する嶋を使った「鹿嶋市」とすることで同一名称を回避した。ちなみに嶋は旧字ではなく嶌とともに「同字」で、もともと渡り鳥が拠り所の海中の山、すなわち島に降り立った象形文字から来ているというから、山の位置の違いに過ぎない。このためJR鹿島線の鹿島神宮駅と鹿島サッカースタジアム、鹿嶋警察署などのように不統一が起こっている。

福岡県大刀《たち》洗《あらい》町は明治二二年（一八八九）の町村制施行時からこの字であるが、「太刀洗」とすべきところを明治期の法令の形式である太政官布告の表記が書き誤りでテンのない大刀洗としてしまった。村では訂正を申し入れたが当時の官尊民卑は驚くべきもので、訂正は受け入れられずに今日に至っている。このため学校や公園の名前もテンがないが、甘木鉄道（旧国鉄甘木線）の駅名だけは昭和一四年（一九三九）の開通以来、ずっと太刀洗・西太刀洗だ。

やはり小修正が行われたのが、新潟県の妙高高原町（現妙高市）である。中頸《くび》城《き》郡名《な》香《か》山《やま》村が昭和三〇年（一九五五）に妙高々原村と改め、翌年に町制施行した際には妙高々原町だったが、昭和四四年（一九六九）に信越本線（現えちごトキめき鉄道・しなの鉄道）の田口駅を妙高高原駅と改めたのと同じ一〇月一日に妙高高原町と字づかいを変えたのである。佐々木／佐佐木さんの違いもあるし、どのような理由でこの判断が行われたかは知らないが、観光ブームの中で駅名ともどもイメージチェンジを図ったのかもしれない。

この他にも福岡県柳河町が昭和二六年（一九五一）の合併を機に柳川町と改められ、今もそのまま柳川市となっている。しかし本来の地名が柳河であったというわけでもなく、江戸以前は簗川・柳河・柳川などいろいろな字が使われている。要するに日本の地名表記は「これが絶対に正しい」という基準は近世まではそれほど厳しく問われず、幅があるまま推移した後で明治に入り、その時点でたまたまある表記に固まったに過ぎないものも珍しくないのである。思えば東京という地名も明治の初頭には「東京」と表記されており、読みも「とうけい」であった。

同じ字なのに読みだけ変わった自治体もある。日本の自治体で五十音順トップの兵庫県相生市は、かつて「おう」と読んだ（旧仮名では「あう」）。その昔は大浦《おおのうら》と呼ばれたので、その表記が転じたという説もあるが、「大」なら旧仮名は「おほ」なので疑問もある。明治二二年（一八八九）の町村制ではそのまま相生《おう》村となり、大正一二年（一九一三）には相生《おう》町となった。「あいおい」に読みを変更するのは、昭和一七年（一九四二）に単独で市制施行した時のことである。理由はわからないが、明治以来ずっと那波《なば》を名乗ってきた山陽本線の駅も、これを機に相生駅となった。

紀伊半島の三重県尾鷲市も、昭和二九年（一九五四）の市制施行を機に「おわし」から「おわせ」に変更している。紀勢本線の駅名はそれから五年遅れて同三四年（一九五九）に同じ変更を行った。南北朝の文書には「おハしのうら」との仮名書きが残っているというが、地元で

今はなき国鉄佐賀線（昭和 62 年廃止）の筑後柳河駅は柳川市や西鉄柳川駅と表記が異なった。大字名の柳河は「柳川市三橋町柳河」として現存する。1:50,000「佐賀」昭和 60 年（1985）編集

は「おわしぇ」あたりが近い発音という。どちらとも決めがたいけれど、近い方に決めたのだろうか。駅名の関連では、東海道新幹線と北陸本線が接続する米原（滋賀県米原市）も、米原町時代は長らく「まいはら」と濁らず駅名と食い違っていたが、平成一七年（二〇〇五）に伊吹・山東との三町合併で米原市が誕生（同年中に近江町も合併）した際に濁点を付けて駅名と同じ「まいばら」とした。細かいことを言えば、米原駅の所在地は米原市米原《ばら》《はら》である。

自治体名と駅名が微妙に異なる

宮城県塩竈《しおがま》市といえばマグロの水揚げ港として全国的に有名だが、市のホームページに「竈の字について」という項目がある。ここを開くと、竈の字の筆順を教えてくれる。市民はともかく、正しくこの字を書ける人はどのくらいいるだろうか。二一画もあって大変なので、市では塩釜市と書かれている文書は「塩竈市」と解釈して正式に受理しているという。それを受けてか、ＪＲ東北本線や仙石《せんせき》線の塩釜・西塩釜・本塩釜・東塩釜の各駅は「釜」が正式な駅名表記だ。

しかし市役所では竈でも釜でもどちらでもいい、と言っているわけではなく、そのページで地名の由来から説明している。そもそも塩竈市の竈は製塩用のカマドから来ているので、鍋釜の「釜」とは意味が異なる。だから（書けなくても）ご理解をと訴えている。市名をめぐる昭和五六年（一九八一）の市民アンケートも紹介していて、この竈の字の塩竈市の表記で不便を「特に感じない」という人が約五五パーセントにのぼることから、市名の表記をわざわざ改めることもなさそうだと結論付けている。

全国を見渡せば、このように市名と市の代表駅が異なる例は意外に多い。福岡市と博多駅のように、もともと福岡と博多という二つの都市が一緒になった例もあるけれど、同じ源の地名に見られるもっと微妙なレベルの違いに着目しよう。

東海道線の茅ケ崎駅と茅ヶ崎市のようなケとヶの違いについては他の項目で取り上げたが、これに字体の違いがからむのが龍ケ崎市である。関東鉄道竜ヶ崎線の終着駅は竜ヶ崎で、「竜」の字は龍の省略体である。その始発駅は常磐線に接続する佐貫駅だが、龍ケ崎市長が常磐線佐貫駅の「龍ケ崎市駅」への改称を訴え、JRのみがそのように改められた。関東鉄道の方は改称していないため、同市の旧市街へ行くためには常磐線の龍ケ崎市駅で降りて関東鉄道の佐貫駅まで構内を歩き、そこでディーゼルカーに乗り換えて竜ヶ崎駅へというややこしいことになった。

「たつ」といえば兵庫県たつの市も複雑だ。現在でこそひらがな表記の市だが、平成一七年(二〇〇五)に周辺の三町と合併するまでは龍野市と表記した。しかし昭和二六年(一九五一)の市制施行以前は省略体の竜野町であり、JR姫新《きしん》線の駅名は町時代の昭和六年(一九三一)に開業しているので、現在も省略体の本竜野《ほん》駅と称している。その結果「たつの市龍野町にある本竜野駅」という文を書けば、三通りのタツノが披露される仕組みだ。

奈良県五條市もJR和歌山線の駅名は新字表記の五条である。しかし駅名以外はおおむね旧字に統一されているようで、市立の五條中学校・五條小学校は当然ながら、奈良県立五條高校

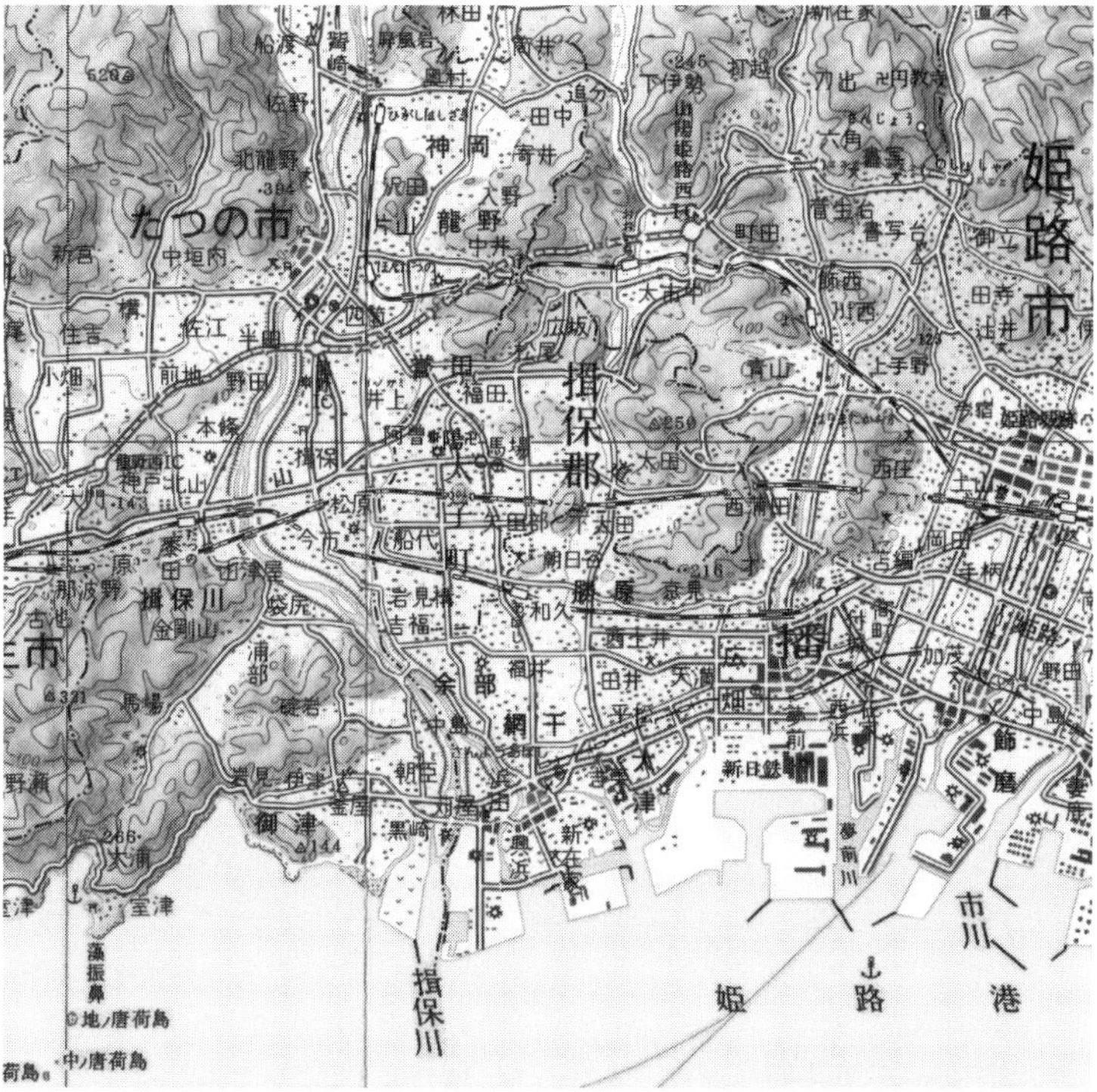

兵庫県たつの市。旧龍野市と３町が合併した際にひらがな表記になった。旧市街はたつの市龍野、姫新線の駅名は本竜野とそれぞれ異なる。1:200,000「姫路」平成17年（2005）要部修正

もそれにならっている。条の字では大阪府北東部にある四條畷《しじょうなわて》市とＪＲ学研都市線（片町線）の四条畷駅も食い違っていて、さらに複雑なのは駅が四條畷市内ではなく、隣の大東市に存在することだ。このあたりは楠木正成の息子・正行《まさつら》が湊川合戦の一二年後にあたる正平三年・貞和《じょうわ》四年（一三四八）の「四條畷の戦い」で没した地である。明治以降は楠木父子の神格化が進み、四条畷神社が明治二三年（一八九〇）に創建されたりもしている。駅ができたのはその五年後で、前身の浪速《なにわ》鉄道（後に関西《かんせい》鉄道）が開業した際にも、駅名は自治体名ではなく、あくまで神社名であり古戦場名の四条畷を採用した。私鉄だったから、客寄せのために村名ではなく神社仏閣や名所旧蹟を採用するのはよくあることだ。もちろん戦場は「ポイント」ではなくある程度の広さがあるため、近代に入って村名を付けたところと駅名を付けた自治体がたまたま異なったという話である。

　駅と市名がさらに複雑怪奇なのが埼玉県の富士見市とふじみ野市である。平成の大合併で一帯は富士見市・上福岡市・大井町・三芳町の四市町合併で「ふじみ野市」となるはずだったが、話がこじれて富士見市と三芳町が脱落した。その結果、似た名前の両市が隣り合うこととなってしまったのである。新市名の元となった東武東上線ふじみ野駅が具合の悪いことに富士見市に存在するという妙なことになった。駅の所在地は富士見市ふじみ野東一丁目。降りて西へ向かえば、富士見市ふじみ野西一丁目を経てふじみ野市ふじみ野に入る。図を見ないとわかりにくいが、要するに「ふじみ野」の東側に「ふじみ野西」があるのだ。合併しなかったのは仕方ないとしても、両市が調整して町名だけでも合理的に設定できなかったのだろうか。

五十音順で市町村名を眺める

全国の市町村と東京都の二三区を合わせると現在一七四一あるという。これを五十音順に並べると、どこの自治体が最後になるだろうか。思えば子供の頃は先生に指名されるのも、注射も水泳での飛び込みも（これは違うか）五十音順が多かったので、今尾という姓をもつ筆者の前には、青木君や石井君などクラスにわずか一人か二人しかおらず、いつも後の方でのんびり構えていられる渡辺君や吉田君を羨やんだものである。

余談はさておき、現在の市町村リストの最末尾は埼玉県の蕨《わらび》市である。大きなさいたま市の南に隣接しており、面積も全国の市の中では最小の五・一平方キロしかない。正方形にすれば約二・三キロ四方である。ほぼ全域が市街地なので人口密度は逆に全市で最大という極端な存在だ。これだけの小ささだから、明治二二年（一八八九）四月一日に北足立《きたあだち》郡蕨町が発足して以来、一三〇年以上にわたって一度も合併を経験していない（川口市からごく一部を編入したことはある）。

五十音の話からそれてしまったが、蕨市が全市町村の中で最末尾となったのは昭和二九年

（一九五四）八月一日のことで、その前日まで後に控えていた山形県飽海《あくみ》郡蕨岡《わらびおか》村が、合併で遊佐《ゆざ》町の一部となって以来である。したがって最末尾となってから令和二年（二〇二〇）八月一日で六六年を迎えた。

ちなみに蕨岡村と称する村はもうひとつ、高知県幡多郡にもあった。こちらは山形県の蕨岡村より四か月早い同年三月三一日にやはり合併で中村市（現四万十市）となったために消えている。市町村名の索引はたいてい北海道から沖縄県まで東から西への決まった順番に従って配列されるため同じ名前なら高知県の方が後の方で、山形県蕨岡村が最末尾だったのはわずか四か月であった。

そんなわけで昭和二九年（一九五四）三月三〇日までは長らく高知県蕨岡村がしんがりをつとめていたのだが、その約半世紀前の明治三四年（一九〇一）一〇月三一日までは、新潟県中《なか》蒲原《かんばら》郡の割野《わりの》村が最末尾であった。現在は新潟市江南区で、信越本線の荻川《おぎがわ》駅に近い。町村制による町村が始まったのは明治二二年（一八八九）四月一日だから、割野村の末尾「在位」は一二年半である。高知県蕨岡村が五二年半ほどなので、「末尾在位」の最長記録は現在の蕨市だ（拍手）。

それでは五十音順でトップの市町村はどこだろうか。こちらは兵庫県相生市である。その後に愛川町（神奈川）、愛西市（愛知）、愛荘町（滋賀）、藍住町（徳島）と続く。相生市は上三文字がア行だから、明治以来無敵だったかと思いきや、それは市に関してだけであり、昭和一七年（一九四二）の市制施行以前は同じ相生と書いてオウ（旧仮名表記ではアウ）と読んでいたから、旧かなでも少し順位が下だった。

さて、市町村全部ひっくるめた筆頭として長らく君臨した村がある。明治二二年（一八八九）の町村制施行から昭和三〇年（一九五五）三月末日まで六六年間存在した熊本県天草郡阿《あ》村である。アという村なので、これより前に出られる自治体はまずあり得ない（漢字の画数や仮名書きで可能性はあるが）。江戸時代以来の阿村がそのまま明治の町村制を迎えても引き続きそう名乗ったのであるが、昭和の大合併で松島村（後に松島町、現上天草市）となった。同村の大字となっても大字阿というのも間が抜けているからか、大字阿村として今に至っている。滋賀県には守山市に大字阿が存在したが、こちらも言いにくいためか、昭和四五年（一九七〇）以降は阿村町になっている。

ちなみに現在の大字レベルでのトップは長野市アークスである（アーカイブ・スクエアという長野卸センターにちなむ）。平成一五年（二〇〇三）に川合新田から新しく分けられた町だが、これこそが市町村数どころではなく一五万以上も存在するという大字・町名レベルの筆頭だ。電話帳の筆頭で目立つことを意図したという「アート引越センター」を思い出してしまうが、大字の筆頭になって何か得することでもあるのだろうか。場所は古戦場・川中島に近い犀《さい》川《がわ》のほとりである。

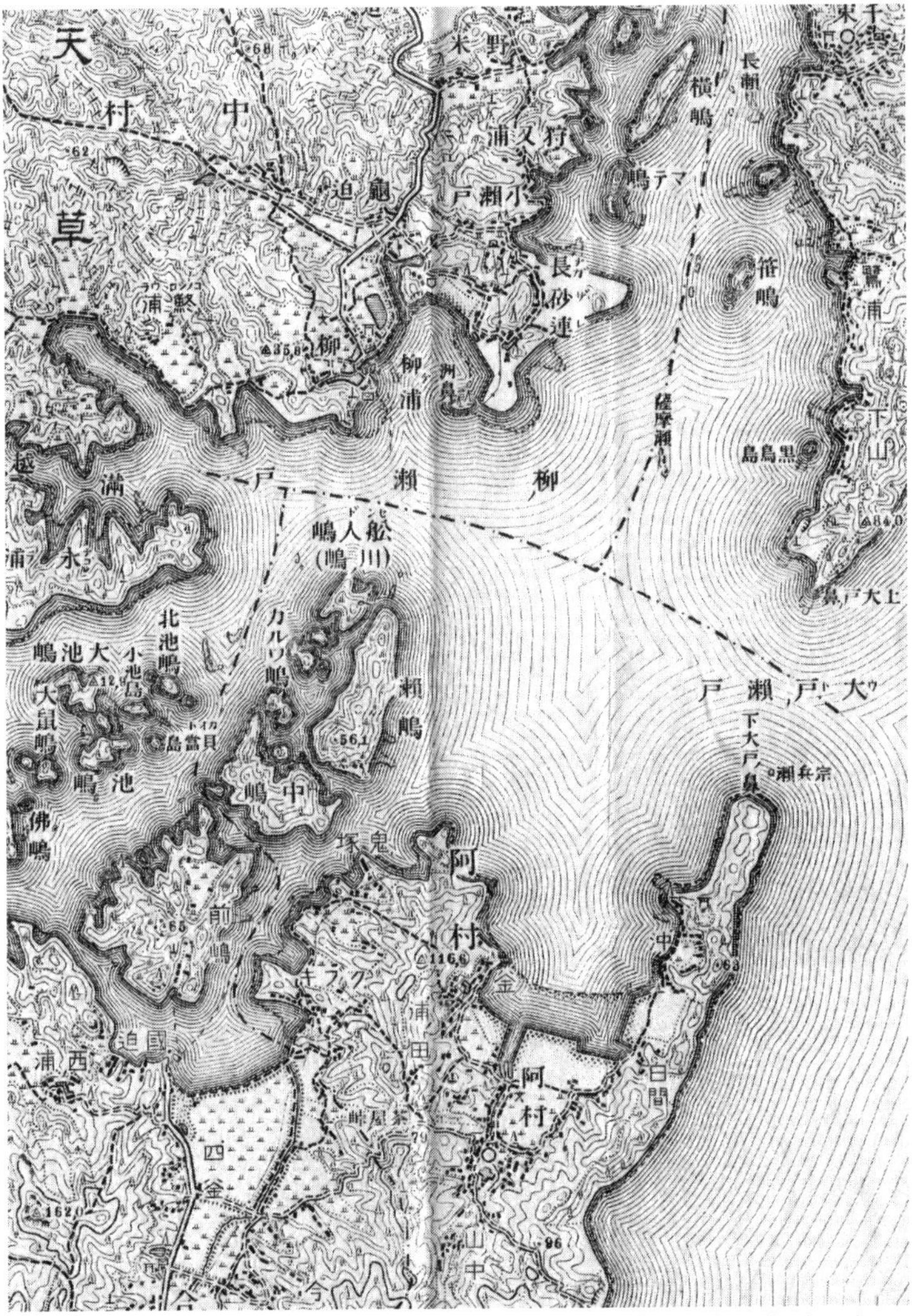

日本の自治体のうち五十音順でトップだった熊本県の阿村は昭和 30 年（1955）に合併で松島村となるまで続いた（現上天草市）。1:50,000「三角」大正 13 年（1924）鉄道補入

明治・昭和・平成の大合併で激変した日本地図
市町村名のつくり方

2020年11月30日　初版発行
2022年1月25日　初版第2刷発行

著　者　今尾恵介
発行者　和田　裕

発行所　日本加除出版株式会社
本　社　郵便番号 171-8516
東京都豊島区南長崎3丁目16番6号
TEL (03)3953-5757（代表）
(03)3952-5759（編集）
FAX (03)3953-5772
URL www.kajo.co.jp

営業部　郵便番号 171-8516
東京都豊島区南長崎3丁目16番6号
TEL (03)3953-5642
FAX (03)3953-2061

組版・印刷 ㈱亨有堂印刷所 ／ 製本 牧製本印刷㈱

落丁本・乱丁本は本社でお取替えいたします。
★定価はカバー等に表示してあります。

ISBN978-4-8178-4693-8